MIRKO KRÜGER

DDR für Klugscheißer

Populäre Irrtümer und andere Wahrheiten

KLARTEXT

BILDNACHWEIS

Mirko Krüger: S. 3, 7, 14/15, 21, 42, 49, 51, 59, 63, 64/65, 68, 75, 77, 81, 91, 99
Sascha Fromm: S. 5; Staatliche Bücher- und Kupferstichsammlung Greiz: S. 9;
Stroop-Bericht 1943: S. 18; Jobel / CC0 1.0: S. 27
stock.adobe: © picsfive: S.29, 75, 104; © i-picture: S. 6, 8, 12, 26, 32, 40, 47, 54, 60, 74, 78, 84, 89;
© Delphotostock: S. 16, 24, 43, 55, 62, 70, 72, 76, 85, 90, 94; © naruedom: S. 55-57;
© wiedfried: S. 70/71; © yosuke14: S. 70/71; © Piotr Pawinski/© azure: S. 73; © stockphoto-graf: S. 79
© DEFA-Stiftung/Waltraut Pathenheimer: S. 33; © DEFA-Stiftung/Eduard Neufeld: S. 35;
© DEFA-Stiftung/Manfred Damm & Herbert Kroiss: S. 37; © DEFA-Stiftung/Dieter Lück: S. 38
© DEFA-Stiftung/Klaus D. Schwarz: S. 41; Deutsche Post der DDR: S. 96

Bibliografische Information der Deutschen Nationalbibliothek
Die Deutsche Nationalbibliothek verzeichnet diese Publikation in der Deutschen Nationalbibliografie; detaillierte bibliografische Daten sind im Internet über http://dnb.dnb.de abrufbar.

IMPRESSUM

2. Auflage Januar 2021
Layout und Satz: Ina Zimmermann
Umschlagfotos: stock.adobe: ©Oliver Woelki; ©Delphotostock; ©Thomas Otto; ©Yaroslav; ©Brad Pict; ©by-studio; ©Alexey Fedorenko;
©Wikipedia: Moedlareuth_DDR-Grenzpfosten, Sigmund Jähn Bundesarchiv CC-BY-SA;
Pittiplatsch: picture alliance/Daniel Reinhardt/dpa; Sandmännchen im Schnee: picture alliance/Julian Stähle/dpa-Zentralbild/ZB
Druck und Bindung: Linsen Druckcenter GmbH, Siemensstr. 12-14, 47533 Kleve

ISBN 978-3-8375-2212-9

KLARTEXT

Jakob Funke Medien Beteiligungs GmbH & Co. KG
Jakob-Funke-Platz 1, 45127 Essen
info@klartext-verlag.de, www.klartext-verlag.de

Inhalt

Zum Geleit

Bin ich ein Ossi?

Dies ist ein Buch über eine Tote. Besser gesagt: Dies ist ein Buch über eine Untote. Die Untote heißt DDR. Die Deutsche Demokratische Republik ging 1989 unter. Sie ist Vergangenheit. Dennoch existiert sie nicht nur in politischen Debatten weiter. Sie ist und bleibt vor allem ein Teil von Biografien. Die DDR war für zuletzt rund 16,5 Millionen Menschen, ja, auch das: Heimat. Hier lebten sie, hier liebten sie, hier litten sie. Viele erfreuten sich unbeschwert ihres Alltags, etliche hatten sich mit den Verhältnissen arrangiert, manche opponierten unverhohlen, andere rissen aus und riskierten dabei Leib und Leben.

Wurde ich in der DDR geboren? Ja. Bin ich ein Ossi? Oje ... Muss ich wirklich antworten? Ich bin Erfurter, bin Thüringer, bin Deutscher. Begriffe wie Ossi und Wessi sind mir suspekt. In ihnen schwingt mehr mit als nur eine geografische Verortung. Sie grenzen ab – und aus. Sagt ein Ostdeutscher, er sei Ossi, dann drückt er Zusammengehörigkeit aus, ein fast schon trotziges „Wir". Verwenden Westdeutsche den Ossi-Begriff, ist viel zu oft von Wesen die Rede, die man belächelt, die man verachtet, kollektiv verachtet. Vielleicht sollten beide mehr miteinander als übereinander reden. Das hilft. Das ist das Einzige, was hilft.

Apropos Erfahrungsaustausch. Es begab sich im Oktober 1997, da lachte die Welt über die Erfinder des Automobils. Das jüngste Mercedes-Modell war bei einem Elchtest umgekippt. Zufälligerweise wurde der Trabant in diesen Tagen 40 Jahre alt. Bei einem Mittagessen in der Redaktion stand urplötzlich die Frage im Raum: Besteht der Trabi den Elchtest? Gedacht, getan. Mir fiel die wunderbare Aufgabe zu, den Test zu organisieren. Die Fotos gingen alsbald um die Welt. Selbst eine japanische Zeitung rückte ein Bild des sicher um die Verkehrshütchen flitzenden Trabis auf die Titelseite. Zwei Tage später erhielt ich einen merkwürdigen Anruf. Ein Mann, der sich als Sprecher des Stuttgarter Konzerns vorstellte, fragte allen Ernstes: „Warum haben Sie uns das angetan?" Sogleich fühlte ich mich an eine paradoxe Losung erinnert. „Überholen ohne einzuholen", hatte Walter Ulbricht gefordert. War ich zu

seinem Erfüllungsgehilfen geworden? Hatte ich dem Sozialismus zu einem späten Sieg verholfen? Ach du grüne Neune!
Geschichte wird, so heißt es, von Siegern geschrieben. Stimmt das wirklich? Wer schreibt dann die Geschichte der DDR? Wer sind die Sieger? Hat das kapitalistische Deutschland über das sozialistische triumphiert? Oder obsiegten nicht vielmehr all jene Bürger, die sich 1989/90 ihre Freiheit selbst erstritten haben?
Seither fragen wir uns immer wieder: Was war die DDR, wie war die DDR? Wird sie von Ampelmännchen und bezahlbaren Mieten symbolisiert, von Ostbrötchen und sicheren Arbeitsplätzen? Oder sollte man zuerst den Schießbefehl nennen, die Stasi und die Diktatur des Proletariats? Anders gefragt: Ist es gefährlicher, die DDR zu verharmlosen – oder sie zu dämonisieren?
Klugscheißer wissen auf alles eine Antwort. Auch auf Fragen wie diese. Ach ja? In diesem Buch erzähle ich von populären Irrtümern und anderen Wahrheiten über die DDR. Ich erzähle von einem Alltag, der manchmal schwarzweiß war, ab und an grau, häufig aber auch herrlich bunt. Vermisse ich die DDR? Nein, ganz gewiss nicht. Dennoch erinnere ich mich gern meiner Jahre in der DDR. Sie sind und bleiben ein Teil meines Lebens; sie prägen mich bis heute. Herkunft leugnet man nicht.

Mirko Krüger wurde 1963 in Erfurt geboren.
Er lebt und arbeitet als Journalist in Thüringen.

Populärer Irrtum

Zwei Staaten, eine Flagge

Hammer und Zirkel im Ährenkranz, so kennen wir das Staatswappen der DDR. Auch auf der Staatsflagge war es zu sehen. Ach ja? Jein! In den ersten zehn Jahren zeigte die Fahne keinerlei Wappen. Und in den letzten Monaten der DDR wurde das Wappen wieder entfernt; zwar nicht von der Flagge, aber immerhin von öffentlichen Gebäuden sowie Dienstmützen.

Schwarz, Rot und Gold, diese drei Farben haben in Deutschland große Tradition. Sie stehen seit der ersten Hälfte des 19. Jahrhunderts für das Streben nach einer geeinten Nation. Die Strahlkraft dieser Farben war in den Nachkriegsjahren derart immens, dass ein regelrechtes Wetteifern um sie begann. Schon 1948 hatte der Deutsche Volkskongress über die künftige Nationalflagge debattiert. Der Kongress war formal gesehen ein gesamtdeutscher; tatsächlich wurde er von der SED veranlasst und auch dominiert. Dennoch hatte 1949 der Westen die Nase vorn. Mit Ablauf des 23. Mai trat das Grundgesetz in Kraft, damit war die Bundesrepublik Deutschland gegründet. Artikel 22 des Gesetzes bestimmt: „Die Bundesflagge ist schwarz-rot-gold."
Genau eine Woche später tagte der dritte Volkskongress in Berlin. Seine Delegierten bestätigten den Entwurf einer Verfassung der Deutschen Demokratischen Republik. Die DDR wurde am 7. Oktober gegründet; an diesem Tag trat die Verfassung in Kraft. Artikel 2 besagt: „Die Farben der Deutschen Demokratischen Republik sind Schwarz-Rot-Gold." So kam es, dass DDR wie BRD zunächst die gleichen Flaggen führten.
Erst zehn Jahre später sollte sich dies ändern. Per Gesetz nahm die DDR mit Wirkung vom 1. Oktober 1959 das Staatswappen in die Staatsflagge auf. Das Wappen symbolisiert mit seinen drei Elementen drei werktätige Klassen und

Schichten. Der Hammer steht für die Arbeiter, der Ährenkranz für die Bauern sowie der Zirkel für die Intelligenz.
Schon 1950 hatte es einen Vorläufer dieses Wappens mit Hammer und Ähren gegeben. Dieses Emblem hatte jedoch nur einen halboffiziellen Status. 1955 entwarfen Grafiker die endgültige Form, die es vier Jahre später sogar auf die Staatsflagge schaffen sollte.
Am 31. Mai 1990 beschloss die Volkskammer: „Alle Staatswappen, die sich in und an öffentlichen Gebäuden befinden, sind unverzüglich, spätestens jedoch in Wochenfrist, zu entfernen. Wo das aus technischen oder finanziellen Gründen nicht möglich ist, ist das Wappen zu verdecken." Am 5. Juni wurde das vier Meter große Wappen am Palast der Republik demontiert. Die symbolträchtigen Bilder dieser Aktion gingen um die Welt.
Davon unbenommen blieben sowohl das Staatswappen an sich als auch die Staatsflagge unverändert bis zum Ende der DDR bestehen.

Die Nationalflagge der DDR

Populärer Irrtum

Honecker als Spottbild

Zu denen, die in der DDR öffentlich Kritik äußern durften, gehörten die Karikaturisten des „Eulenspiegel". Allerdings sollten sich die Zeichner auf vermeintliche Schönheitsfehler des Sozialismus konzentrieren. Etliche Tabus galt es zu beachten. So waren Spottbilder führender Genossen nicht erwünscht. Doch wer meint, es habe solche Karikaturen nicht gegeben, der irrt.

Drei Jahre nach Stalins Tod, am 4. März 1956, veröffentlichte die SED-Zeitung „Neues Deutschland" einen für großes Aufsehen sorgenden Artikel von Parteichef Walter Ulbricht. Er berichtet davon, dass der Personenkult um Stalin der Sowjetunion großen Schaden zugefügt habe. Deshalb, so schlussfolgerte Ulbricht, dürfe man Stalin nicht länger zu den Klassikern des Marxismus-Leninismus rechnen.

Kaum war der Artikel veröffentlicht, wurde er bereits äußerst kontrovers diskutiert. Schon bald geriet der Autor selbst ins Zielfeuer der Kritik. Viele DDR-Bürger fragten sich: War es nicht Ulbricht gewesen, der zu den treuesten Vasallen Stalins gezählt hatte? Wäre es nicht an der Zeit, auch hierzulande den Personenkult zu beenden? Nach wenigen Wochen sah sich der SED-Chef gezwungen, zu reagieren. Auf einer Parteikonferenz stellte er unmissverständlich klar, dass es in der DDR nie einen Personenkult gegeben habe. Deshalb sei hier auch keine Entstalinisierung erforderlich.

Dennoch gingen diese aufregenden Monate unter dem Begriff „Tauwetter" in die Geschichte ein. Viele Bürger hofften, dass eine neue Offenheit die Gesellschaft prägen würde. In der Redaktion der Satirezeitschrift „Eulenspiegel" reagierte man entsprechend. 1956 veröffentlichten die Zeichner eine Serie von Karikaturen auf DDR-Politiker. Auch Walter Ulbricht wurde aufs Korn

„Bei uns hätte man zum Staatsempfang wenigstens provisorisch 'ne Spitze draufgesetzt!"
Diese Honecker-Karikatur zeichnete Heinz Behling 1982.

genommen, gezeichnet von Harald Kretzschmar. Jahrzehnte später erinnerte sich der Karikaturist: „Wir hatten leider die Rechnung ohne den Wirt Walter Ulbricht gemacht. Der bierernste Patron war nur durch seine sächselnde Fistelstimme komisch." Das Bild durfte im Gegensatz zu den anderen Zeichnungen nicht gedruckt werden.
Personelle Konsequenzen gab es vorerst nicht. Dann aber erschien im Dezember 1956 ein Fernsehteam beim Chefredakteur des „Eulenspiegel" und

interviewte ihn. Dabei schwenkte die Kamera auch über einen Schreibtisch. Ob Zufall oder nicht, auf dem Tisch lag klar erkennbar für alle Zuschauer die Ulbricht-Karikatur. Prompt wurde Heinz H. Schmidt gefeuert.
Schon damals gehörte Heinz Behling zu den ständigen Mitarbeitern des „Eulenspiegel". Er prägte die Zeitschrift wie wenige andere mit innenpolitischen Themen. Viele seiner als wagemutig geltenden Zeichnungen wurden gedruckt, manche auch verboten. „Wer nicht ab und an eingestampft wurde, der hatte seinen Beruf als Karikaturist verfehlt", so der Zeichner. 1977 veröffentlichte er eine Karikatur, die sich mit dem Genre an sich auseinandersetzt. Das Bild zeigt einen Mann, der hilflos in Zeitungen blättert. Ein anderer Herr meint daraufhin: „Wenn Sie nach Karikaturen suchen, müssen Sie ins Museum gehen!"
Tatsächlich ließ sich zumindest in Karikaturen-Ausstellungen das eine oder andere Tabu brechen, zumindest ein wenig. So stellte Heinz Behling 1982 im Ausstellungszentrum am Berliner Fernsehturm ein Honecker-Bild aus. Das Blatt zeigt den Parteichef bei einem Besuch in Mexiko. Honecker steht mit seinem Gastgeber vor einer der typischerweise stumpf auslaufenden Maya-Pyramiden. Voller Selbstbewusstsein erklärt er: „Bei uns hätte man zum Staatsempfang wenigstens provisorisch 'ne Spitze draufgesetzt!"
Nach drei Tagen wurde die Karikatur aus der Ausstellung entfernt. Schon bald stand Heinz Behling auf der schwarzen Liste. DDR-Zeitungen verzichteten fortan auf seine Arbeiten.

Aha

Im goldenen Käfig

Am 23. November 1989 lief im DDR-Fernsehen eine vielbeachtete Reportage. Erstmals sah die Öffentlichkeit, wie häuslich es sich der engste Führungszirkel der SED eingerichtet hatte. Angesichts des westlichen Luxu brach ein Sturm der Entrüstung los. Rückblickend zeigt sich: Wer in Wandlitz lebte, war mitunter arm dran.

Walter und Lotte Ulbricht wohnten in der 7, die Honeckers in der 11 und Erich Mielke in Haus 14. In der Waldsiedlung gab es so ziemlich alles, von der Westschokolade über einen Tennisplatz bis hin zur Poliklinik. Bloß Straßennamen, die gab es nicht. Hausnummern genügten allemal zur Orientierung. Für die Öffentlichkeit existierte das von 140 Stasi-Soldaten abgeriegelte Wohngebiet ohnehin nicht.

1958 hatte das Politbüro beschlossen, nahe Berlin eine Siedlung bauen zu lassen. Hier im Wald, so meinten die Genossen, ließe sich besser für ihre Sicherheit sorgen als in den bislang bewohnten Villen am Berliner Majakowskiring. Schon bald entstand hinter Maschendraht und einer Mauer eine Parallelwelt. 23 Einfamilienhäuser nebst Kino, Clubhaus und Schwimmbad. Für die größte Empörung in Wendezeiten sorgte das Ladenkombinat. Die Familien der Politbüromitglieder kauften hier Westprodukte für Ostgeld, von Obst über Kosmetika und Kleidung bis zum Fernseher. Für steten Nachschub sorgte die KoKo (Kommerzielle Koordinierung). In Spitzenjahren gab sie dafür 8 Millionen DM aus.

In Wendezeiten mussten alle Bewohner ausziehen. Manch Politbüromitglied gab sich erleichtert. Gut möglich, dass dies nicht nur der Reinwaschung dienen sollte. Darauf lässt jener Lebensalltag schließen, der im Nachhinein bekannt wurde. Die Genossen wohnten nicht nur in der selbstgewählten Isolation, sondern schotteten sich zugleich voneinander ab. Intensive private Kontakte gab es nur in der Anfangszeit. An ihre Stelle trat ab 1970 eine seltsame Melange aus Missgunst und Rivalitäten.

Populärer Irrtum

Die Unrechtsdebatte

War die DDR ein Unrechtsstaat? Es gibt kaum eine andere dieses Land berührende Frage, die ähnlich kontrovers und emotional diskutiert wird. Letztlich dreht sich alles um den weitverbreiteten Irrtum, dass dieser Begriff die Biografien der meisten DDR-Bürger diskreditiert.

Ausgerechnet die erste von einem Ministerpräsidenten der Linken geführte Landesregierung beantwortete die Frage nach dem Unrechtsstaat mit einem klaren Ja. Im Koalitionsvertrag, der in Thüringen 2014 mit den Grünen und der SPD geschlossen wurde, heißt es: „Für eine Aufarbeitung in die Gesellschaft hinein ist es von Bedeutung festzuhalten: Die DDR war eine Diktatur, kein Rechtsstaat. Weil durch unfreie Wahlen bereits die strukturelle demokratische Legitimation staatlichen Handelns fehlte, weil jedes Recht und jede Gerechtigkeit in der DDR ein Ende haben konnte, wenn einer der kleinen oder großen Mächtigen es so wollte, weil jedes Recht und jede Gerechtigkeit für diejenigen verloren waren, die sich nicht systemkonform verhielten, war die DDR in der Konsequenz ein Unrechtsstaat." Kaum waren die Unterschriften unter dem Koalitionsvertrag getrocknet, wurde Bodo Ramelow auch schon zum Landesvater gewählt …
Doch wie nahezu immer im Leben gibt es der Wahrheit zweiten Teil. Dass diese Formulierungen überhaupt in den Thüringer Vertrag aufgenommen wurden, war allein den Grünen und den Sozialdemokraten zu verdanken. Sie hatten ein solches Bekenntnis zur DDR-Vergangenheit zu einer nichtverhandelbaren Grundbedingung für eine Koalition erklärt. Das gefiel keineswegs allen Linken, erst recht nicht auf bundesdeutscher Ebene. Die Thüringer Genossen mussten sich heftige Kritik gefallen lassen.
So wiederholte sich auf Partei-Ebene, was immer wieder auch alltägliche

Debatten bestimmt hatte – und noch immer bestimmt: Die Fronten sind teils extrem verhärtet. Im Kern dreht sich alles um die Frage, was der Einzelne überhaupt unter einem Unrechtsstaat versteht. Dabei kommt es oft zu großen Missverständnissen. So impliziert der Begriff des Unrechtsstaats für viele Ostdeutsche, dass alles, was in der DDR geschehen ist, unrecht war. Damit würden alle Menschen der DDR mehr oder weniger unter Generalverdacht gestellt. Nicht zuletzt werde die DDR aber auch mit dem wahren Unrechtsstaat gleichgesetzt, mit Hitlers Drittem Reich.

Was also meint der Begriff des Unrechtsstaates wirklich? Im Kern gibt bereits das sogenannte Lied der Partei darauf eine Antwort. Im Refrain der SED-Hymne heißt es: „Die Partei, die Partei, die hat immer recht! Und, Genossen, es bleibe dabei; Denn wer kämpft für das Recht, Der hat immer recht." Praktisch bedeutete dies in der DDR wenigstens Zweierlei. Erstens: Gesetzgebung und Justiz hatten sich politischen Zielvorgaben unterzuordnen. Eine Diktatur, auch die des Proletariats, kann insofern im heutigen Verständnis niemals rechtsstaatlich sein. Zweitens: Keinem Bürger der DDR stand das Recht zu, gegen den Staat, seine Institutionen und deren Vertreter beziehungsweise gegen deren Entscheidungen vor Gericht zu klagen. Allenfalls die rechtlich völlig unverbindliche Form der Eingabe (Beschwerde) billigte man unzufriedenen Bürgern zu.

Insofern war die DDR zweifelsohne ein Unrechtsstaat. Aber ebenso gilt es festzuhalten, dass der Begriff sehr unglücklich gewählt ist. Er kann missverstanden werden, er wird missverstanden.

Bleibt die große Frage: Wer ist Täter, wer Opfer? Rund 200.000 politische Gefangene soll es in der DDR gegeben haben. Damals galten sie als Täter. Mittlerweile sind viele von ihnen als Opfer anerkannt und finanziell entschädigt worden. Das rot-rot-grün regierte Thüringen ging noch einen Schritt weiter. Im Frühjahr 2016 nahm das Land zwei neue Gedenktage in sein Feiertagsgesetz auf. Der eine erinnert an die Befreiung vom Nationalsozialismus, der andere an die Opfer des SED-Unrechts.

Aha

Das Nationaldenkmal

Noch immer kommen jährlich Hunderttausende nach Buchenwald (bei Weimar). Die Gedenkstätte war zu DDR-Zeiten das Nationaldenkmal schlechthin. Es zu erleben, gehörte zum Pflichtprogramm vieler Jugendweihe-Gruppen und anderer Kollektive. Der Ort steht stellvertretend für den Gründungsmythos der Republik und den daraus resultierenden Führungsanspruch der SED.

Heutige Besucher können sich exakt so durch das ehemalige Konzentrationslager bewegen, wie es die in den 1950er Jahren ersonnene Dramaturgie vorgesehen hat. Der Rundgang beginnt am Lagertor mit dem weltberühmten Schriftzug „Jedem das Seine". Er führt ins Krematorium und hin zu jener Stelle, an der 1944 Ernst Thälmann, der Vorsitzende der Kommunistischen Partei Deutschlands, ermordet worden ist. Weiter geht es zum 1958 eingeweihten Mahnmal. Hier steigen die Besucher einen Hang hinab zu drei Massengräbern. Sie stehen stellvertretend für die 56.000 Todesopfer des nationalsozialistischen Lagers. An den Seiten des Wegs erzählen Reliefs vom Widerstand der Häftlinge, ehe parallel zum Berg die Straße der Nationen als Sinnbild der internationalen Solidarität folgt. Schließlich geht es wieder steil bergan, hinauf zum Glockenturm und zum Buchenwald-Denkmal Fritz Cremers. Elf überlebensgroße Figuren erwarten uns; es sind Häftlinge im Moment ihrer Selbstbefreiung …
Angesichts dieser Inszenierung spricht Volkhard Knigge, langjähriger Direktor der Gedenkstätte, von einem „säkulären Kreuzweg und politischen Läuterungspfad". Für das Selbstverständnis der DDR war Buchenwald zweifelsohne der Inbegriff ihres Gründungsmythos. Die angebliche Selbstbefreiung der Häftlinge, wohlweislich angeführt von Kommunisten, stand als geradezu perfektes Sinnbild des Antifaschismus. Aus ihm, der zur Staatsdoktrin wurde, leitete sich maßgeblich der Führungsanspruch der SED ab.

Heutige Buchenwald-Besucher können zwar ebendieser Sichtweise folgen; gleichwohl steht ihnen längst die Möglichkeit des differenzierteren Blicks offen. Dies gilt wenigstens in zweierlei Hinsicht. Von den einst 270.000 Häftlingen waren nur etwa 700 Mitglieder der KPD; entsprechend erinnert die Gedenkstätte seit den 1990er Jahren ausdrücklich an alle Opfergruppen. Zum anderen erzählt seit 1997 eine zusätzliche Ausstellung die Geschichte des sowjetischen „Speziallagers Nr. 2". Es bestand von 1945 bis 1950 in Buchenwald. Seine Existenz war in der DDR vor 1990 nie öffentlich thematisiert worden. Rund 7.000 der 28.000 Inhaftierten starben.
Schwerpunkt der Erinnerungsarbeit der Gedenkstätte Buchenwald ist und bleibt trotz alledem die Geschichte des nationalsozialistischen Konzentrationslagers und der hier begangenen Verbrechen. Das zeigte sich auch anlässlich des 60. Jahrestages der Einweihung des Mahnmals von 1958. Rund 2,7 Millionen Euro wurden für dessen Sanierung ausgegeben – wohlweislich für das Nationaldenkmal der DDR.

Das Denkmal schuf der Bildhauer Fritz Cremer.

Aha EXTRA

... und der Zukunft zugewandt

In welchem der beiden deutschen Staaten wurde die Entnazifizierung konsequenter betrieben? Wo konnten alte Nazis erneut Karriere machen, zumindest aber in Ruhe leben? Die Antwort scheint aus Sicht vieler Ostdeutscher klar zu sein. Es war nicht ihr Land, in dem mit Hans Globke ein Mitverfasser der Nürnberger Rassegesetze zum Chef des Bundeskanzleramts aufsteigen konnte. Doch das Thema eignet sich keineswegs für eine eindimensionale Betrachtungsweise.

1963 begann in Frankfurt am Main der bis dahin größte Strafprozess der Bundesrepublik. 21 SS-Männer und ein Funktionshäftling hatten sich wegen Mordes und der Beihilfe zum Mord an Tausenden Auschwitz-Häftlingen zu verantworten. Während das Frankfurter Verfahren sowohl in West wie Ost große Aufmerksamkeit erregte, erfuhr die Öffentlichkeit von einem zeitgleich in der DDR stattfindenden Auschwitz-Prozess nichts. Bereits im Vorfeld hatte die für Naziverbrechen zuständige Stasi hohe Vertraulichkeit angeordnet: „Keine Presse".

Angeklagt war ein gewisser Hans Anhalt. Er hatte bis 1962 unbehelligt als Traktorist im Bezirk Erfurt gelebt. Nun gestand der SS-Mann, in Auschwitz 25 Häftlinge eigenhändig getötet zu haben. Außerdem hatte er sich aktiv daran beteiligt, 300.000 Juden in die Gaskammern zu treiben. Das Erfurter Bezirksgericht verurteilte ihn zu lebenslänglicher Haft, in der er 1975 starb.

Der Erfurter Prozess wirft verstörende Fragen auf. Warum sollte er weitgehend geheim gehalten werden? Hatten die Oberen bei Bekanntwerden etwas zu befürchten?

Rückblende. 1943 hatten sich die Sowjetunion, die USA und Großbritannien geeinigt, deutsche Kriegsverbrecher vor Gericht stellen zu wollen. Zwei Jahre

später erließen die Alliierten, zu denen nun auch Frankreich gehörte, mit dem Kontrollratsgesetz Nr. 10 die entsprechende juristische Grundlage. 1946 folgte die „Kontrollratsdirektive Nr. 38 betreffend Verhaftung und Bestrafung von Kriegsverbrechern, Nationalsozialisten und Militaristen und die Internierung, Kontrolle und Überwachung von möglicherweise gefährlichen Deutschen". Erklärtes Ziel war, „für ganz Deutschland gemeinsame Richtlinien zu schaffen ... die Art der Strafen und Sühnemaßnahmen (werden) einheitlich festgesetzt". Allerdings billigte die Direktive den Alliierten zu, in ihren Besatzungszonen nach eigenem Ermessen zu verfahren.
Tatsächlich war die Entnazifizierung in der Sowjetzone konsequenter betrieben worden als in den drei westlichen Zonen. Bereits 1945 hatten die Sowjets zehn Speziallager eingerichtet. In ihnen wurden nach offiziellen Angaben mindestens 122.000 Deutsche inhaftiert. Viele waren kleinere oder mittlere Funktionäre der NSDAP und anderer nationalsozialistischer Vereinigungen. Aber auch SS- und Wehrmachtsangehörige, Werwolf-Mitglieder, Großbauern sowie Journalisten und Juristen kamen ins Lager. Nicht zuletzt nutzten die neuen Machthaber die Maßgabe aus, „möglicherweise gefährliche Deutsche" verhaften zu können. Das eröffnete einer politisch motivierten Verfolgung weite Spielräume. Es genügte verdächtig zu sein. Beweise spielten vor den Militärgerichten nur eine untergeordnete Rolle.
Die Zahl der Internierten in den westlichen Zonen lag bei 180.000. Allerdings ließ das Interesse an einer konsequenten Verfolgung 1947/48 spürbar nach. Die Ursachen dafür sind vielschichtig. Sie gründen auch im Antikommunismus der Westmächte. Nicht zuletzt spielte eine Rolle, dass sich viele Verdächtige als harmlose Mitläufer herausstellten. Dies war in der sowjetischen Zone kaum anders. Allerdings wurden hier die entlastenden Persilscheine nicht massenhaft ausgestellt.
In der Sowjetzone wurde die Entnazifizierung 1948 für beendet erklärt; eigens dazu erging ein Befehl am 26. Februar. Doch erst 1950 wurde dieses erste Kapitel der Entnazifizierung wirklich beendet – mit den Waldheimer Prozessen. Die Sowjets übergaben ihre letzten Häftlinge der DDR-Gerichtsbarkeit. 3.324 wurden in Schnellverfahren verurteilt, 33 zum Tode.
Die SED-Führung hatte schon 1946 begonnen, Abertausenden Nazis einen vergleichsweise unbeschwerten Weg in die Zukunft zu öffnen. Wer sich aufrichtig bereit erklärte am Neuaufbau mitzuwirken, erhielt eine Chance. Das zeigte sich auch in der Aufnahmepraxis der kommunistischen Partei. Etwa

Weltberühmtes Foto: SS-Leute treiben Warschauer Juden aus ihren Häusern. Der Soldat mit der Maschinenpistole ist Josef Blösche. Er lebte als Bergmann und Gastwirt bis 1967 unentdeckt in der DDR.

jeder 12. Genosse war Mitglied der NSDAP. 1948 wurde zudem mit Billigung der Sowjetunion die NDPD gegründet. Sie sollte einstigen Nazis und Wehrmachtsoffizieren eine neue politische Heimat geben.
Parallel dazu griff die DDR beim Aufbau wichtiger Verwaltungsstrukturen auf Experten mit brauner Vergangenheit zurück. So waren laut einer 2015 veröffentlichten Studie des Zentrums für Zeithistorische Forschung (Potsdam) zahlreiche Referats- und Abteilungsleiter des ostdeutschen Innenministeriums vormalige NSDAP-Mitglieder. Ein Wehrmachtsgeneral avancierte 1956 sogar zum Stellvertreter von Verteidigungsminister Willi Stoph.
Ausgangs der 1950er Jahre setzte in der DDR eine weitere Säuberungswelle ein. Nun wurden geläuterte Nazis wieder ihrer herausgehobenen Ämter enthoben bzw. pensioniert. Der Grund war naheliegend. Die DDR hatte damit begonnen, die Präsenz von Nazis in der BRD propagandistisch auszuschlachten. Damit wuchs die Furcht, dass der Westen mit gleicher Münze zurückzahlt. Ganz in diesem Sinne war 1963 das Verschweigen des Erfurter Auschwitz-Prozesses zu verstehen. Westliche Medien hätten ansonsten fragen können, wieso ein SS-Mörder so lange unentdeckt in der DDR lebte?
1968 gab sich die DDR ihre zweite Verfassung. Im Absatz 6 heißt es: „Die Deutsche Demokratische Republik hat getreu den Interessen des deutschen Volkes und der internationalen Verpflichtung aller Deutschen auf ihrem Gebiet den deutschen Militarismus und Nazismus ausgerottet". Der antifaschistische Gründungsmythos hatte sich erfüllt. Aus den einstigen Opfern des Faschismus waren strahlende Sieger der Geschichte geworden. Das Land als solches verstand sich spätestens ab jetzt als politisch und moralisch entlastet, und dies galt natürlich ebenso für all seine Bürger.
Nichtsdestotrotz sollte es vor Gerichten der DDR immer wieder neue Prozesse gegen Kriegsverbrecher geben. 1969 wurde der Henker des Warschauer Ghettos verurteilt – zum Tode. Den Anstoß zu dem Verfahren gegen Josef Blösche gab ausgerechnet der Westen. Das Hamburger Amtsgericht hatte Haftbefehl gegen ihn gestellt und die DDR um Rechtshilfe gebeten.
Das letzte Todesurteil wegen NS-Verbrechen wurde 1972 in Berlin gesprochen. Das überhaupt letzte Urteil fiel kurz vorm Mauerfall, im September 1989. Das Bezirksgericht Rostock schickte einen Kriegsverbrecher lebenslang ins Gefängnis. Zu diesem Zeitpunkt verbüßten in der DDR 22 NS-Täter noch immer ihre lebenslangen Haftstrafen.

Aha

Die D-Mark der DDR

Eine harte Währung war das Geld der DDR zu keiner Zeit. Es war vor der Währungsunion von 1990 nie für den freien und unbegrenzten Umtausch in Fremdwährungen zugelassen. Daran änderte nicht mal der Umstand etwas, dass bis 1964 die DDR-Währung noch „Deutsche Mark“ hieß, also genauso wie im Westen.

Die Geschichte des DDR-Geldes begann bereits ein reichliches Jahr vor Gründung der Republik. Im Zuge der Währungsreform vom Juni 1948 wurde in der SBZ (sowjetische Besatzungszone) die bis dahin gültige Reichsmark abgeschafft. Einen Monat später hielten die Bürger erstmals „Deutsche Mark“ in den Händen. Herausgeber war die Deutsche Notenbank. Die Banknoten deckten das weite Spektrum von 50 Deutsche Pfennig bis 1.000 Deutsche Mark ab. Der Zusatz „Deutsch“ findet sich nicht nur als Adjektiv auf dem frühen DDR-Geld wieder. Auf den Münzen zu 1 und 5 sowie zu 10 und 50 Pfennig ist oberhalb der Wertangabe der Schriftzug „Deutschland“ zu lesen. Er war seinerzeit nicht nur als Herkunftsbezeichnung zu verstehen, sondern ebenso als politische Botschaft. Die DDR verstand sich als das bessere Deutschland. Allerdings gelangten Abermillionen ostdeutscher DM ausgerechnet in die vermeintlich schlechtere Hälfte des geteilten Landes. Daraufhin setzte die DDR-Regierung 1957 einen plötzlichen Zwangsumtausch der bisherigen Banknoten in neue Scheine durch. Binnen eines Tages mussten DDR-Bürger ihr Bargeld wandeln, jedoch nicht mehr als 300 Deutsche Mark. Größere Beträge hatten sie innerhalb einer Woche auf Konten einzuzahlen. Dabei wurde oft auch die Herkunft des Geldes überprüft. Die damit verbundene Absicht war klar: DDR-Noten, die sich in westlichen Wechselstuben befanden, wurden quasi über Nacht wertlos.

Pikantes Detail dieses 1957 erfolgten Umtauschs: Die neuen Scheine waren allesamt auf 1955 datiert. Zugleich blieb die Bezeichnung „Deutsche Mark“ erhalten. Dies änderte sich erst 1964. Nun wurde aus der DM die MDN (Mark der Deutschen Notenbank). Wieder gab es neue Scheine.

Nach nicht mal vier Jahren der nächste Schritt. Mit Wirkung vom 1. Januar 1968 hatten DDR-Bürger die „Mark der Deutschen Demokratischen Republik" im Portemonnaie – zumindest im offiziellen Sprachgebrauch. Mit den bisherigen MDN-Scheinen konnte noch 15 weitere Jahre bezahlt werden. Allerdings gelangten ab 1971 zusehends jene neuen Banknoten in Umlauf, die bis zur Währungsunion gesetzliches Zahlungsmittel bleiben sollten. Zumindest diese Scheine durften DDR-Bürger dann doch noch mit dem Segen der eigenen Regierung in harte DM umtauschen. Aus der Mark wurde wieder die Deutsche Mark …

DDR-Geld der 1950er Jahre: Deutsche Mark, hier zu 1, 2, 5 sowie 10 DM. Die Pfennig-Münzen tragen die Umschrift „Deutschland".

Aha

Titow und die teuren Telegramme

In der DDR mangelte es an vielem, aber nichts fehlte dem Staat so sehr wie Westgeld. Um an sogenannte Valutamark zu gelangen oder aber deren Ausgabe zu sparen, war dem Staat nahezu jedes Mittel recht. Dazu gehörte sogar der Verzicht auf Glückwunsch-Telegramme ins Bruderland, in die Sowjetunion.

Nur wenige Wochen nach dem Mauerbau vergattert das Zentralkomitee der SED alle ersten Sekretäre der Kreis- und Bezirksleitungen. Das Schreiben beginnt zunächst recht harmlos. Das ZK stellt fest, dass „von staatlichen Organen, Betrieben, gesellschaftlichen Organisationen usw. Tausende von Glückwünschen, Sympathie- und Zustimmungserklärungen oder Protestresolutionen in Form von Telegrammen übermittelt" werden. So weit, so gut. Aber, so heißt es weiter, „im Telegrammverkehr mit dem Ausland müssen für jedes Telegramm Devisen entsprechend der internationalen Gebührenordnung sowohl an das Empfängerland sowie an das Durchlaufland bezahlt werden. Das bedeutet für die DDR eine erhebliche Devisenbelastung. So sandte z.B. am 8.8. das Mansfeld-Kombinat Eisleben ein Glückwunschtelegramm an Genossen Chruschtschow mit 217 Worten. Das bedeutet 73,78 DM in Valuta." An diesem Tag seien weitere 158 Telegramme nach Moskau abgesandt worden, am Vortag sogar 293. Auslöser all dieser Sendungen war die glückliche Landung von Kosmonaut German Titow nach seinem Flug mit „Wostok 2". Die Berliner SED-Spitze fordert ihre Genossen auf, auch künftig nicht auf derartige Glückwünsche zu verzichten. Allerdings könnten sie „die gleiche politische Wirkung mit einem beträchtlich niedrigeren Aufwand an Geld und Zeit erreichen". Idealerweise, so rät das Zentralkomitee, sollen die Genossen klassische Briefe schreiben.

Aha

Vitamin B

Ohne Vitamine kann der Mensch nicht leben. Der Tagesbedarf an Thiamin zum Beispiel liegt bei 1,5 Milligramm. Thiamin ist wichtig für die Nerven, es wird deshalb auch Stimmungsvitamin genannt. Es ist eines der B-Vitamine. Zu DDR-Zeiten gab es ein weiteres Vitamin B. Wer es reichlich besaß, konnte wirklich guter Laune sein.

Vitamin B also. Das B stand im alltäglichen Sprachgebrauch nicht für eine chemische Verbindung, sondern für eine zwischenmenschliche. B ist das Kürzel für Beziehung. Diese Beziehungen funktionierten idealerweise nach dem Prinzip des Gebens und Nehmens. Zum Beispiel so: Herr A. arbeitet im Obst- und Gemüsehandel. Er ist Fan westlicher Beatmusik. Er kennt eine Frau B., welche in einem Kaufhaus arbeitet, das ab und an Lizenzschallplatten verkauft. Frau B. ist so liebenswürdig, einige dieser Platten für Herrn A. zur Seite zu legen. Als Dank erhält Frau B. immer mal wieder einen Beutel voller Bananen und Navelorangen …

Natürlich beschränkte sich das Beziehungsgeflecht nicht allein auf den Austausch von Westmusik und Südfrüchten. Mit Hilfe von Vitamin B ließ sich nahezu jedes Produkt beschaffen; nicht minder konnte man mehr oder weniger wichtige Lebensentscheidungen damit positiv beeinflussen. Wer etwa Mitarbeiter in der staatlich gelenkten Wohnungswirtschaft kannte, machte sich Hoffnungen auf die bevorzugte Zuteilung einer Wohnung. Werkstatttermine fürs Auto waren ebenso gefragt wie eine Fuhre Kies und ein paar Säcke Zement. Vom weiten Bereich der Schwarzarbeit, äh, pardon, der staatlich gewünschten Feierabendarbeit ganz zu schweigen.

Vitamin B gibt es noch immer. Heutzutage wirkt es vor allem in Karriere-Netzwerken.

Aha EXTRA

Ein Land, zwei Währungen

Am 27. September 1977 veröffentlichte das „Neue Deutschland" auf anderthalb Seiten eine Rede Erich Honeckers. Sie war mit der üblichen Partei-Lyrik überschrieben: „Beschlüsse des IX. Parteitages werden erfolgreich verwirklicht". Wer den Text dennoch las, wurde spätestens auf der zweiten Seite überrascht. Der SED-Chef thematisierte sein Verhältnis zu Intershops.

„Genossinnen und Genossen! Gestattet mir in diesem Zusammenhang noch einmal ein offenes Wort zu den Intershop-Läden. Diese Läden sind selbstverständlich kein ständiger Begleiter des Sozialismus", versprach Honecker. „Wir können aber nicht an der Tatsache vorbeigehen, dass besonders der große Besucherstrom viel mehr Devisen unter die Leute bringt, als das früher der Fall war ... Natürlich übersehen wir nicht, dass Bürger der DDR, die keine Devisen besitzen, im gewissen Sinn im Nachteil gegenüber denen sind, die über solche Währung verfügen."

Den Ausweg aus diesem Dilemma schien die Partei- und Staatsführung bereits gefunden zu haben. Honecker kündigte an, dass immer mehr Exquisit- und Delikatläden eröffnen sollen, „so daß in jedem Kreis Bürger unserer Republik die Möglichkeit haben, Waren der höheren Preisklasse für Mark der DDR zu kaufen." Diese Geschäfte werden sich „durch ihr Angebot als Konkurrenz zu den Intershop-Läden entwickeln."

Ungewollt hatte Honecker bestätigt, dass es in der DDR zwei Währungen gab. Zum einen die Mark der DDR; sie ist das gesetzliche Zahlungsmittel. Zum anderen die westdeutsche DM; sie ist die Schattenwährung.

Zu diesem Zeitpunkt war es Bürgern erst seit vier Jahren offiziell erlaubt, Westgeld zu besitzen. Wenige Tage vor Weihnachten 1973 war das Devisenge-

setz beschlossen worden. In ihm heißt es zwar, dass DDR-Bürger alle Devisen, die sie erlangen, den Banken zum Umtausch anzubieten haben. Zugleich verfügte das Gesetz: „Der Minister der Finanzen ist berechtigt, festzulegen, daß Bürger Bargeld anderer Währungen in dafür zugelassenen Einrichtungen der Deutschen Demokratischen Republik verwenden können, wobei die Anbietungspflicht für dieses Bargeld entfällt." Schon bald zeigte sich: Das Gesetz und seine Durchführungsbestimmungen definierten keine Ausnahmeregelung, sondern den Regelfall. Jeder durfte bis zu 500 DM besitzen und natürlich gern auch ausgeben.
Die ersten Intershops gab es seit 1962 in Rostock und Leipzig. Auf dem S-Bahnhof Friedrichstraße öffnete ein Intershop-Kiosk. Diese Läden setzten auf Pendler aus Westberlin, auf Seeleute und Transitreisende, welche sich mit preiswerten Zigaretten und Alkoholika versorgen wollten. In den Intershops entlang der Transitautobahnen hatten DDR-Bürger keinen Zutritt. Passkontrollen waren obligatorisch. Anders stellte sich die Situation in Intershops dar, die ab 1970 immer häufiger in Städten eröffneten. In sie durften Besucher aus dem westlichen Ausland ihre ostdeutschen Gastgeber mitnehmen. Insofern war das Devisengesetz von 1973 konsequent, indem es die Läden für alle öffnete.
Das weckte bei den einen natürlich helle Freude, schürte bei anderen dafür die Verbitterung. Faktisch wurden die Menschen in zwei Klassen geteilt. Zahlreiche derer, die kein Westgeld besaßen, fühlten sich durch die staatlich geförderte Doppelmoral herabgesetzt. Die Beschwerden häuften sich in einem Maße, dass sich 1977 der Staatschef höchstpersönlich erklären musste. Zu diesem Zeitpunkt gab es bereits 271 Intershops. In seiner im „ND" veröffentlichten Rede versicherte Honecker: „Wir haben die Intershop-Läden im Wesentlichen auf die zweckmäßige Zahl reduziert." Wer daraus schlussfolgerte, es würde keine Neueröffnungen mehr geben, lag falsch. Sechs Jahre später beschloss das Politbüro den weiteren Ausbau dieses Geschäftsmodells. Bis zum Ende der DDR stieg die Zahl der Shops auf 461. Ihr Jahresumsatz lag ab 1985 über einer Milliarde D-Mark.

Populärer Irrtum

Aluchips und Goldfüchse

Das Münzgeld der DDR wird gern als Aluchips verspottet. Kein Wunder, möchte man meinen, immerhin bestanden die gängigen Geldstücke aus Aluminium. Doch der Wahrheit zweiter Teil ist: Es gab ebenso Münzen aus Gold und Silber, aus Neusilber sowie aus Messing.

Das seltenste Geldstück der DDR zeigt ein Porträt von Karl Marx. Es wiegt genau 36,81 Gramm und besteht aus 900er Gold. Allein schon der Materialwert übersteigt die aufgeprägten 20 Mark der DDR bei weitem. 1968 wurde lediglich ein einziges Exemplar dieser Münze geprägt. In jenem Jahr traf es sich, dass die Jubiläen zweier für die Republik bedeutender Menschen zusammenfielen. Karl Marx war 1818 geboren worden; sein Geburtstag jährte sich zum 150. Male. Zugleich feierte der Partei- und Staatschef Walter Ulbricht sein 75. Wiegenfest. Auf der Suche nach einem an Einmaligkeit nicht zu übertreffenden Geschenk lag es offenbar nahe, die in jenem Jahr ohnehin in Silber geprägte Karl-Marx-Münze in Gold aufzulegen.
In den klassischen Geldumlauf gelangte dieses Unikat natürlich nie. Mittlerweile gehört das Goldstück zur Sammlung des Deutschen Historischen Museums in Berlin.
Numismatiker unterscheiden Hartgeld in Kurs- und in Gedenkmünzen. Während Kursmünzen für den alltäglichen Gebrauch gedacht waren, sollten Gedenkmünzen hauptsächlich Sammler beglücken. Jedoch gab es fließende Grenzen. Immerhin waren beide Münzarten vollwertiges Geld. Insbesondere die in millionenfacher Auflage produzierten 5-Mark-Gedenkmünzen wurden als Zahlungsmittel genutzt.
Wer von Aluchips spricht, meint die silbrig ausschauenden Kursmünzen zu 1 und 5, zu 10 und zu 50 Pfennig sowie zu 1 und 2 Mark. Allerdings gilt sogleich

eine Einschränkung. Bis 1958 war ein 50-Pfennig-Stück aus Aluminiumbronze im Umlauf, welches auch wirklich bronzefarben war. 1969 gelangten darüber hinaus die ersten 20-Pfennig-Stücke unters Volk. Sie bestanden aus Messing. Schon bald erhielten diese Münzen dank ihres Glanzes einen Beinamen: Goldfüchse. Mehr als 280 Millionen dieser Geldstücke gelangten in den Umlauf.
Die Gedenkmünzen der DDR haben Nominalwerte von 5 und 10 sowie 20 Mark. Sie bestehen in keinem Fall aus Aluminium. Häufigstes Material ist Neusilber. Diese Legierung aus Kupfer, Zink und Nickel wurde für 68 Münzen verwendet. 53 Münzen entstanden aus Silber, eine aus Kupfernickel. Zwei dieser 122 Gedenkmünzen wurden zusätzlich auch aus Gold geprägt. Neben der Karl-Marx-Münze von 1968 trifft dies auf das 10-Mark-Stück „40. Jahrestag der Befreiung vom Faschismus" von 1985 zu. Exakt 266 dieser Münzen entstanden aus 900er Gold. Sie waren als Geschenk für Staatsgäste und verdiente Genossen gedacht. Darüber hinaus wurden 200 Probestücke aus 333er Gold fabriziert.
Der heutige Wert all dieser Gedenkmünzen ist sehr unterschiedlich. Sowohl Material als auch Auflagenhöhe spielen bei der Bewertung eine große Rolle, außerdem der Erhaltungszustand. Entsprechend beginnen die Preise im Fachhandel für sehr gut erhaltene Neusilber-Exemplare bei etwa 5 Euro. Handelt es sich gar um die höchste Qualitätsstufe (sogenannte polierte Platte) der Goldmünze von 1985, sind Preise von mehr als 10.000 Euro möglich.

1968 wurde diese Silbermünze anlässlich des 150. Geburtstages von Karl Marx aufgelegt. Eigens als Geschenk für Walter Ulbricht entstand ein einziges, motivgleiches Goldstück.

Aha

Geschenke in die DDR

Auf den ersten Blick war die DDR-Firma Genex nur ein Versandhaus. Sie hatte sich darauf spezialisiert, Bundesbürgern das Beschenken von DDR-Bürgern zu erleichtern. Tatsächlich kam es ihr einzig und allein darauf an, Devisen zu erwirtschaften. Auch Ostprodukte mussten mit DM bezahlt werden.

„Geschenke in die DDR", so hieß der jährliche Genex-Katalog. Eigentlich hätte man ihn auch „Geschenke aus der DDR" nennen können. Zwar wurden zahlreiche Westprodukte offeriert, von der Tafel Schokolade bis zum BMW. Doch der Großteil des Angebots bestand aus DDR-Waren, idealerweise aus solchen, die im heimischen Handel als schwer erhältlich galten. Trabi und Wartburg gehörten dazu, Tiefkühlschränke und Schlagbohrmaschinen, Dessous und Swimmingpools. Selbst drei Typen von Einfamilienhäusern waren zu haben – ab 96.000 DM.

Das wahre Erfolgsgeheimnis von Genex verbarg sich hinter dem Werbeversprechen „Sicher und zügig", welches es 1988 sogar auf die Titelseite des Katalogs geschafft hatte. Zügig, das hieß zum Beispiel im Falle eines Wartburg, dass der Beschenkte nicht, wie bei Inlandsbestellungen üblich, 14 Jahre bis zur Auslieferung warten musste. Das neue Auto war binnen weniger Wochen abholbereit. Für Bürger, die ihren Pkw in der DDR normal erwerben wollten, verlängerte sich in Abhängigkeit vom Umfang des Genex-Verkaufs die Wartezeit. Noch dazu waren die Wagen angesichts des offiziellen Wechselkurses von 1:1 erstaunlich preiswert. Genex verkaufte den Trabi in den 1980er Jahren für 5.088 DM. Das entsprach etwa der Hälfte des regulären DDR-Preises für ein vergleichbar ausgestattetes Modell.

Die Geschenkdienst- und Kleinexporte GmbH war 1956 gegründet worden. Zehn Jahre später übernahm der „Bereich KoKo" (Kommerzielle Koordinierung) von Alexander Schalck-Golodkowski die Genex als Tochterfirma. Der Versandhandel setzte in seinen besten Jahren rund 200 Millionen D-Mark um.

112.816 Pkw verkaufte Genex von 1981 bis 1988. Darunter befanden sich:
42.313 Wartburg
39.260 Trabant
13.332 VW Golf
11.486 Lada
36 BMW

„Genex hat - soweit nicht Westprodukte verkauft wurden – zur ‚zurückgestauten!' Inflation in der DDR faktisch beigetragen."
Bericht des Untersuchungsausschusses „Kommerzielle Koordinierung" des Bundestags, 1994

„Privatstrand hinter dem Haus!" Unter diesem Motto bot Genex auch Swimmingpools an. Der größte fasste immerhin 24.000 Liter Wasser. Kostenpunkt: 3.250 DM.

„Innerhalb von nur 6 Monaten kann ein Eigenheim nach individuellen Wohnvorstellungen schlüsselfertig übergeben werden."
Werbeversprechen im Genex-Katalog

„Das große Orient-Erlebnis" gehörte 1978 zu den von Genex angebotenen Urlaubsreisen. Die Tour führte über Moskau nach Samarkand, Buchara und Taschkent. Die zwei Wochen waren für 1.396 DM wohlfeil.

Doppeldeutige Adresse: Der Hauptsitz der Genex befand sich in der Ostberliner Mauerstraße. Bis zum Checkpoint Charlie sind es von hier nur 180 Meter. Allerdings hatte die Straße ihren Namen bereits im 18. Jahrhundert erhalten.

Aha

Der Duft des Westens

Der Geruch, der DDR-Bürgern beim Öffnen eines Westpakets oder beim Betreten eines Intershops entgegenschlug, gehört zu den Mysterien des ostdeutschen Alltags.

Es gibt Geschichten, die verlangen danach, von ihrem Ende her erzählt zu werden. Zum Beispiel die Geschichte vom Duft des Westens. Wer sich diesem legendären Geruch noch einmal hingeben möchte, muss nicht eigens auf den Postboten warten. Es könnte bereits ausreichen, ein Duschbad namens „Westpaket" auszuprobieren. Selbst ein Sauna-Aufguss verspricht, ebendieses Bukett zu verströmen. Nun ja …

Längst werden wir nicht nur unter der Dusche oder im Supermarkt an der Nase herumgeführt. In Reisebüros weht uns eine frische Brise um die Nase. In Einkaufszentren wird in der Weihnachtszeit gern Plätzchenduft versprüht und im Frühjahr der von Erdbeeren. Selbst Autos wurden schon parfümiert, sie rochen nach Äpfeln und Zitronen. Das sogenannte Duft-Marketing ist allgegenwärtig. Es soll, was auch sonst, zum Kaufen verführen.

Waren Intershop und Westpaket sozusagen die Vorwegnahme dieser neuzeitlichen Tricks? Doch wie kam es dann, dass nur DDR-Bürger diese Düfte bewusst wahrgenommen haben, nicht aber ihre westdeutschen Verwandten? Wie erklärt sich dieses Mysterium?

Es war eine eigentümliche Mischung, welche die Luft in den Intershops schwängerte. Das Aroma von Kaffeebohnen gehörte dazu und das von Schokolade, der Duft von Kölnisch Wasser und der von Seife. Über allem lagen die Ausdünstungen imprägnierter Jeans. Es roch, um es in einem Wort zu sagen: verheißungsvoll.

Der Geruch des Westens ist nicht mehr als eine Erinnerung. Wo nur ist er geblieben? Ganz einfach: Er ist genau zu jenem Zeitpunkt verduftet, da die heißbegehrten Westprodukte für DDR-Bürger nichts Besonderes mehr waren, sondern alltäglich …

10 Fakten über Westpakete

1. Etwa 25 Millionen private Pakete (und Päckchen) wurden jedes Jahr aus der Bundesrepublik in die DDR geschickt.

2. Pakete mussten die Aufschrift „Geschenksendung. Keine Handelsware" tragen.

3. Die Absender hatten jedem Paket ein Inhaltsverzeichnis beizufügen.

4. 1954 erließ die DDR eine „Verordnung über den Geschenkpaket- und -päckchenverkehr auf dem Postweg mit Westdeutschland, Westberlin und dem Ausland". Etliche Durchführungsbestimmungen folgten während der nächsten drei Jahrzehnte. Im Westen kursierten daraufhin stets neue Infoblätter, insbesondere zu den erlaubten Höchstmengen.

5. Westdeutsche, die getragene Kleidung versenden wollten, mussten bis 1976 einen Desinfektionsschein beilegen. Er durfte nicht älter als 14 Tage sein.

6. Während der Kaffeekrise 1977 setzte die DDR die je Paket erlaubte Menge an Kaffee von einem Pfund auf zwei hoch. Wenig später fiel die Beschränkung ganz. Der Staat profitierte davon, da er weniger Rohkaffee gegen Devisen importieren musste.

7. Westpakete hatten in den 1980er Jahren einen durchschnittlichen Warenwert von fast 200 DM.

8. Westdeutsche Absender durften jedes ihrer Pakete mit 30 DM pauschal von der Steuer absetzen.

9. Ostdeutsche Zöllner kontrollierten die Pakete. Entdeckten sie Geld, wurde es dem Staatshaushalt der DDR zugeführt. Jährlich kamen Millionenbeträge zusammen.

10. 10 Millionen Pakete wurden jedes Jahr aus der DDR in die BRD geschickt.

Populärer Irrtum

Unser aller Häuptling

16 Indianerfilme hat die DEFA (Deutsche Film AG) produziert. In den meisten spielt Gojko Mitić einen Häuptling. Deshalb wird er gern als Chef-Indianer der DDR und als Antwort auf die Winnetou-Begeisterung des Westens verklärt. Das stimmt durchaus, aber ...

Er rächte als Häuptling der Bären vom Stamme der Dakota den Mord an seinem Vater. Er geriet als Chingachgook zwischen die Fronten des Krieges zwischen Engländern und Franzosen. Er kämpfte als Weitspähender Falke gegen skrupellose Goldsucher. Er spielte Häuptlinge wie Osceola und Tecumseh, wie Severino und Ulzana ... Wenn es darum ging, in Indianerfilmen die Hauptrolle zu besetzen, führte an Gojko Mitić fast nie der Weg vorbei. 1966 entstand der erste dieser Filme: „Die Söhne der großen Bärin".
Gojko Mitić hatte schon zuvor als Indianer vor der Kamera gestanden, und das sogar in Karl-May-Verfilmungen der damaligen Bundesrepublik. Alles begann damit, dass der gebürtige Serbe als Sportstudent nach Jobs suchte. Da traf es sich nahezu perfekt, dass zu Beginn der 1960er Jahre westliche Produktionsfirmen häufig Western in Jugoslawien produzierten. Der Bedarf an Komparsen war groß. Mitić erhielt zunächst winzige Rollen und Auftritte als Stuntman. Als 1963 „Old Shatterhand" gedreht wurde, bekam er seine erste, noch namenlose Nebenrolle als Apache an der Seite des legendären Winnetou-Darstellers Pierre Brice. Bereits im Folgejahr spielte Mitić als Weißer Rabe in „Winnetou 2". Schließlich durfte er in „Unter Geiern" erstmals einen Häuptling verkörpern. Spätestens zu diesem Zeitpunkt wurde auch die DEFA auf den charismatischen Serben aufmerksam. Die Filmemacher aus der DDR konnten ihm bieten, was eingedenk von Pierre Brices Dominanz im Westen undenkbar war: eine Karriere als Chef-Indianer.

Gojko Mitić in „Chingachgook – Die große Schlange“

Aha

10 legendäre Filme

Nach dem Zweiten Weltkrieg war der Bedarf an neuen Filmen immens. 1946 wurde die Deutsche Film AG gegründet, aus der in der DDR das DEFA-Studio für Spielfilme hervorging. Rund 700 Kinofilme entstanden bis zu Beginn der 1990er Jahre. Doch welche sind die besten – oder gar die wichtigsten? Wir stellen zehn Streifen vor, die stellvertretend für die Geschichte des Kinofilms in der DDR stehen.

„Die Mörder sind unter uns“

Obwohl der DEFA-Film bereits 1946 entstand, also drei Jahre vor DDR-Gründung, ist er für das Selbstverständnis des Staates von elementarer Bedeutung. Im Fokus steht ein ehemaliger Militärarzt, der einem Kriegsverbrecher wiederbegegnet. Er möchte ihn selbst richten. Dazu kommt es nicht. Der Mörder gelangt vor Gericht. Ursprünglich hatte Regisseur Wolfgang Staudte einen anderen Titel im Sinn: „Der Mann, den ich töten werde“.

„Das kalte Herz“

1950 drehte der in Bayern lebende Regisseur Paul Verhoeven im Auftrag der DEFA „Das kalte Herz“. Der erste Märchenfilm der DDR war zugleich der erste Farbfilm des Landes. Die Handlung entstammt dem gleichnamigen Märchen von Wilhelm Hauff. Fast 10 Millionen Zuschauer strömten in die Kinos. Auf der ewigen DEFA-Bestenliste bedeutet dies den dritten Platz.

„Die Geschichte vom kleinen Muck“

Keine DEFA-Produktion zog mehr Zuschauer an als der Märchenfilm von Wolfgang Staudte. Fast 13 Millionen strömten ab 1953 in die Kinos. Im Mittelpunkt steht der Waisenjunge Muck. Er sucht im Orient nach einem Kaufmann, der ihm Glück verkauft. Muck kommt zu Zauberpantoffeln, mit deren Hilfe er schneller rennen kann als jeder andere Mensch. Er besteht am Hofe des Sultans einige Abenteuer, um schließlich zurückgezogen als Töpfergeselle zu leben.

Thomas Schmidt spielte den kleinen Muck. Sein Stiefvater war Co-Autor des Drehbuchs.

„Die Elenden“

Die zweiteilige Verfilmung des Romans von Victor Hugo entstand 1958 als Koproduktion von DDR, Frankreich und Italien. Die Hauptrolle des geläuterten Diebs und längst rechtschaffenden Bürgers spielt Jean Gabin. Doch er hat einen hartnäckigen Gegenspieler, der ihn über Jahre verfolgt, getreu dem Motto „Einmal Verbrecher, immer Verbrecher“. Regie führte Jean-Paul Le Chanois.

„Nackt unter Wölfen“

Der 1963 von Frank Beyer gedrehte Film thematisiert den antifaschistischen Gründungsmythos der DDR. Häftlinge des KZ Buchenwald retten unter Einsatz ihres Lebens ein Kind vor seiner drohenden Ermordung durch die SS. Der Film endet mit der Selbstbefreiung der Häftlinge. Die literarische Vorlage stammt von Bruno Apitz; er war selbst in Buchenwald eingesperrt.

„Der geteilte Himmel“

Regisseur Konrad Wolf erzählt die Geschichte des Liebespaares Rita und Manfred. Er ist Jungwissenschaftler und entwickelt ein modernes Produktionsverfahren. Diese Technologie wird jedoch abgelehnt, wenig später aber ohne vorherige Information an ihn doch genutzt. Manfred ist verbittert und kehrt von einer Dienstreise nach Westberlin nicht zurück. Rita ist Arbeiterin in einem Waggonwerk. Sie besucht Manfred, fühlt sich aber im Westen nicht wohl und kehrt zurück. Der Film wurde 1964 uraufgeführt, dann aber für viele Jahre verboten.

„Die Russen kommen“

1968 gedreht, erlebte Heiner Carows Film erst 1987 seine Uraufführung. Die Zeit war offenbar noch nicht reif für einen Film, der davon erzählt, wie ein Hitlerjunge seine Unschuld verliert. Günter ist Träger des Eisernen Kreuzes und gehört zu Hitlers letztem Aufgebot. Während seine Familie, sein Lehrer und seine Freundin längst erkannt haben, dass der Krieg verloren ist, verweigert sich Günter jeder Ratio und sieht keinen anderen Ausweg als den Untergang.

„Die Legende von Paul und Paula“

1973, nochmals Heiner Carow – und die Puhdys. Ihr Lied „Geh zu ihr“ entstand eigens für diese Liebesgeschichte und machte die Gruppe weithin bekannt. Paul (Winfried Glatzeder) ist verheiratet, er hat eine Affäre mit Paula (Angelica Domröse), einer alleinerziehenden Mutter. Erst in einer Lebenskrise bekennt er sich offen zu ihr, muss nun aber plötzlich um sie kämpfen. Alles scheint gut zu werden. Paula wird schwanger. Doch sie stirbt bei der Geburt.

Angelica Domröse und Winfried Glatzeder in „Die Legende von Paul und Paula“

„Sieben Sommersprossen"
Die Nacktszenen in dem Jugendfilm sorgten 1978 teils für helle Empörung – vor allem bei Älteren. Tatsächlich erzählt Regisseur Herrmann Zschoche sehr einfühlsam aus der Gefühlswelt der 14- und 15-Jährigen. Im Zentrum stehen Karoline und Robbi, die sich in einem Ferienlager lieben lernen.

„Solo Sunny"
Eine Paraderolle für Renate Krößner. Als Schlagersängerin Sunny tourt die Arbeiterin Ingrid über kleine Bühnen. Das große Lebensglück findet sie darin nicht. Auch in der Liebe läuft nichts, wie es laufen soll. Sunny fliegt aus ihrer Band und wagt einen Neustart. Auf der Westberliner Berlinale wurde Renate Krößner 1980 als beste Darstellerin ausgezeichnet. Regie führte Konrad Wolf.

Renate Krößner als Solo Sunny

Aha

Der James Bond der DDR

Begriffe wie Spione und Spitzel gab es auch im Sprachgebrauch der DDR. Allerdings galt es dabei einen feinen, aber wichtigen Unterschied zu beachten. Die eigenen Agenten wurden gern als Kundschafter des Friedens glorifiziert. Allen voran jener Mann, der den Meisterspion der Stasi im Fernsehen geben durfte.

Weihnachten 1973. Das Fernsehen der DDR strahlt die ersten drei Teile einer neuen Serie aus. Im Mittelpunkt von „Das unsichtbare Visier“ steht Werner Bredebusch, ein zu den Sowjets übergelaufener Transportflieger der Wehrmacht. Nach dem Krieg wird er von der Stasi angeworben. Er nimmt die Identität des Kriegsverbrechers Achim Detjen an und lässt sich in ein westdeutsches Netzwerk alter Nazis einschleusen.
Schon bald gewinnt Detjen tiefe Einblicke in Geheimprojekte von Bundeswehr und Nato. Unzweifelhaft bedient er damit die Klischees des Kalten Kriegs, ganz so, wie es James Bond unter umgekehrten Vorzeichen zu tun pflegte. Neun jeweils abendfüllende Folgen entstanden bis 1976. Im letzten Teil erweckt Detjen den Eindruck, er sei bei einem Brand ums Leben gekommen. Tatsächlich kehrt er in die DDR zurück.
Mit Armin Mueller-Stahl hatte der seinerzeit populärste Schauspieler der DDR die Hauptrolle übernommen. Während er als Kundschafter im „Unsichtbaren Visier“ für die Ideale des Sozialismus focht, zeichnete sich für ihn privat immer mehr ein Bruch mit den Machthabern der DDR ab. Als Weihnachten 1976 die Folgen 8 und 9 im Fernsehen gesendet werden, hatte Mueller-Stahl gerade erst eine Protestresolution gegen die Ausbürgerung von Wolf Biermann unterzeichnet. 1980 wanderte der Schauspieler in jenes Land aus, das er als Achim Detjen ausgekundschaftet hatte.
Nach Mueller-Stahls Filmtod im „Unsichtbaren Visier“ wurde die Serie bis 1979 mit sieben Folgen und neuen Darstellern fortgesetzt. Der vorherige, enorme Publikumserfolg blieb ihnen versagt.

Populärer
Irrtum

Die Spur der Steine

Als „Liebling Kreuzberg" und als Tatortkommissar Stoever ging Manfred Krug in die bundesdeutsche Fernsehgeschichte ein. Doch wer den Schauspieler darauf reduziert, erliegt einem gängigen Irrtum. Bereits in den 1960er und 1970er Jahren war „Manne" ein Star – in der DDR.

Als 1964 der Mantel-und-Degen-Film „Mir nach, Canaillen!" in die Kinos kam, war das Publikum hellauf begeistert. Selbst das intellektuelle Wochenblatt „Weltbühne" widmete dem Film eine Kritik. Es erkannte dessen Erfolgsgeheimnis darin, dass in ihm alles steckt, „wonach junge Menschen nun einmal lechzen: Prügelarien, Liebesränke, übers Ohr gehauene Fürschten, wilde Pferde, flotte Reden und ein Superheld namens Krug".
Tatsächlich war dieser DEFA-Streifen bereits der 25., in dem Manfred Krug mitgespielt hatte. Ausgerechnet einer seiner ersten Filme – „Die Schönste" von 1957/59 – war in der DDR verboten worden. Krug hatte hier in einer Nebenrolle einen Straßenmusiker gegeben. Ein Jahrzehnt später wiederholte sich diese leidvolle Erfahrung. Krug war längst zu einem der populärsten Schauspieler des Landes geworden und damit erste Wahl für die Hauptrolle in „Spur der Steine". Hier verkörpert er den Brigadier Hannes Balla, den ungekrönten König einer sozialistischen Großbaustelle. Balla hat keinen Respekt vor Parteifunktionären und anderen Bürokraten, ist aber dennoch einer der zuverlässigsten Arbeiter. Als sich eines Tages der verheiratete Parteisekretär in eine junge Ingenieurin verliebt, eskaliert die Situation. Er wird zur Bewährung in Ballas Brigade gesteckt ...
Nur wenige Tage nach seiner Kinopremiere im Juni 1966 wurde „Spur der Steine" auf Weisung des Zentralkomitees der SED verboten. Der Film würde,

so der Vorwurf, das Bild der Arbeiterklasse verzerren. Noch aber durfte der Schauspieler weiter vor der Kamera stehen.

Zehn Jahre später organisierte Manfred Krug maßgeblich die Proteste von Künstlern gegen die Ausbürgerung von Wolf Biermann. Die Staatsmacht reagierte mit einem Berufsverbot. Krug stellte daraufhin 1977 einen Antrag auf Ausreise in die BRD. In seinem Schreiben heißt es zur Begründung: „Ich bin nach wie vor davon überzeugt, daß es verschiedene Meinungen geben muß und daß es nicht verboten sein darf, sie öffentlich auszutragen."

Manfred Krug als Brigadier Balla in „Spur der Steine"

Aha

Kleiner Mann ganz groß

Die Ähnlichkeit ist verblüffend. Seit seinem ersten Fernsehauftritt im Jahr 1959 trägt das Sandmännchen einen Spitzbart, ganz so, wie der damalige SED-Chef Walter Ulbricht. Belege dafür, dass dies absichtlich geschah, gibt es nicht. Ein Politikum war der Sandmann dennoch.

Der deutsch-deutsche Wettstreit wurde bei weitem nicht nur übers Fernsehen ausgetragen. Aber gerade hier ließen sich Siege demonstrativ erringen. Das war bereits 1952 so, als der Deutsche Fernsehfunk erstmals die „Aktuelle Kamera" ausstrahlte. Das Westfernsehen ging erst fünf Tage später mit der „Tagesschau" auf Sendung. 1959 wiederholte sich das Geschehen beim Sandmännchen. Seit dem 22. November schickt der ostdeutsche Traumsand-Streuer die Kinder ins Bett. Sein westdeutsches Pendant trat neun Tage später auf. Ulbrichts legendäres Zitat vom „Überholen, ohne einzuholen" schien zuzutreffen. Zumindest manchmal.
Wirkliche Klassenkampf-Qualitäten mussten das Sandmännchen und seine Fans in Wendezeiten beweisen. Im Zuge der Abwicklung des Deutschen Fernsehfunks sollte der ostdeutsche Abendgruß für immer und ewig vom Bildschirm verschwinden. Ein Sturm der Entrüstung brach los. Prompt blieb das Sandmännchen in dritten Programmen erhalten; seit 1997 ist es allabendlich im Kinderkanal KiKA zu sehen. Spätestens jetzt war der Spitzbart im gesamten Deutschland angekommen.

Aha

Mächtig gewaltig

Als 1970 „Die Olsenbande" in die Kinos der DDR kam, nahm eine unglaubliche Erfolgsgeschichte ihren Lauf. Die Komödien waren zwar dänischer Herkunft, erzählten aber indirekt etwas über Träume und Lebenserfahrungen vieler Ostdeutscher.

Der Botschafter des Königreichs Dänemark brachte es in einer Festansprache im Jahre 2018 auf den Punkt: Die Olsenbande ist nicht einfach nur eine Bande. Sie ist eine Brigade, ein Kollektiv. An seiner Spitze steht Egon Olsen. Nahezu immer, wenn er aus dem Gefängnis entlassen wird, und das geschieht zu Beginn eines jeden Films, fällt Egons Standardsatz: „Ich habe einen Plan." Schon bald sitzen er, der übervorsichtige Kjeld und der Tausendsassa Benny an einem Tisch und besprechen bei einer Pulle Bier die Planerfüllung. „Ist das nicht zu gefährlich?", fragt Kjeld routinemäßig. Ganz anders der ewige Ja-Sager Benny. Sein „Mächtig gewaltig!" wird zum Running Gag. Mehr als 200 Mal fällt dieser Satz in den 14 Filmen. Für die Olsenbanden-Historiker Frank Eberlein und Frank Burkhard Habel klingt dieser Satz ein wenig wie der Gruß der Jungpioniere: „Immer bereit!"
Wenn sich Egons Fantasie an etwas entzünden konnte, dann am Mangel. Während die Gangster in nahezu jedem anderen Kinofilm entweder mit raffinierter Technik oder mit Waffengewalt vorgehen, genügen der Olsenbande einfache Hilfsmittel, um an die Millionen zu gelangen. 100 Luftballons gehören dazu, eine Dose mit Lachgas, ein ferngesteuertes Spielzeug – sowie, beim Knacken von Panzerschränken unverzichtbar, ein Stethoskop. Allein schon diese Kunst des Improvisierens war dem realsozialistischen Kinogänger alles andere als fremd. Dass man in der DDR darüber anders lachen konnte als in Westdeutschland, versteht sich von selbst.
Zudem stand der Olsenbande stets mehr vor Augen als Egons konkreter Plan. Sie hatte einen Traum. Einen, der ihren ostdeutschen Fans aus dem Herzen sprach. Einmal im Leben möchten wir Urlaub auf Mallorca machen ...

Aha EXTRA

Millionenschwere Beute

1979 kam es in Gotha zum spektakulärsten Kunstraub in der Geschichte der DDR. Erst 40 Jahre später tauchten die fünf Gemälde wieder auf.

Am 14. Dezember 1979 drangen vermutlich zwei Täter ins Gothaer Schloss Friedenstein ein. Sie kletterten mit Steigeisen eine Dachrinne empor und drückten in der zweiten Etage ein ungesichertes Fenster ein. Es war eine stürmische und regenreiche Nacht. Weil plötzlich feuchte Luft in den Raum schwappte, reagierte ein Feuchtigkeitsmelder und hielt den Zeitpunkt exakt fest: 2.30 Uhr. Die Diebe stahlen fünf Ölgemälde. Vier stammen von niederländischen beziehungsweise flämischen Meistern, eines von Hans Holbein. Da die Bilder verteilt über drei Räume hingen, liegt nahe, dass sie ganz bewusst ausgewählt worden sind. Weitere Gemälde berühmter Maler blieben – zum Glück – unangetastet.

Laut einer zeitgenössischen Expertise waren die fünf Gemälde rund vier Millionen D-Mark wert. Ihr heutiger Schätzpreis liegt bei 5 Millionen Euro. Zumindest in den ersten 30 Jahren nach ihrem Raub waren die Gothaer Bilder auf dem offiziellen Kunstmarkt nicht verkäuflich. Auch deshalb galt lange Zeit als wahrscheinlich, dass es sich um einen Auftragsdiebstahl gehandelt haben muss, etwa für einen privaten Sammler. Die Hintermänner wären demnach in Westdeutschland beheimatet gewesen. Dazu passt, dass 1979 vom Gothaer Schlachthof aus immer mal wieder Fleischtransporte in die BRD abgegangen sind. Alsbald kursierte das Gerücht, die Gemälde seien auf diese Weise gen Westen geschmuggelt worden. Beweise dafür gibt es ebenso wenig wie für das zweite gern kolportierte Tatszenario. Demnach hätte das von Alexander Schalck-Golodkowski geführte Firmengeflecht „KoKo" (Kommerzielle Koordinierung) den Diebstahl zu verantworten. Hauptaufgabe der KoKo war es, Devisen zu beschaffen. Dies geschah auch durch den Verkauf von Antiquitäten und Kunstschätzen. Allerdings hatte es die KoKo nicht nötig, Museen zu bestehlen. Sie nötigte sie vielmehr auf offiziöse Weise, Kulturgüter für den Export herauszurücken.

In der DDR kam es auch jenseits von Gotha zu aufsehenerregenden Kunstdiebstählen. Drei Beispiele: 1967 verschwanden aus dem Altenburger Lindenau-Museum fünf italienische Tafelbilder. Sie tauchten bis jetzt (Stand 2019) nicht wieder auf. 1977 wurden am helllichten Tag der Sophienschatz und andere Schmuckstücke aus dem Dresdener Stadtmuseum gestohlen. Dazu gehörte die mehr als ein Kilogramm schwere, goldene Königskette. Die Beute hatte einen Millionenwert. Einige Stücke tauchten Jahre später auf, unter anderem bei Christie's in London sowie bei einem Münzhändler in Norwegen. Ebenfalls 1977 stahlen zwei in Westdeutschland lebende Türken zehn Gemälde aus dem Potsdamer Schloss Sanssouci. Reifenspuren am Tatort deuteten auf ein Westauto als Tatfahrzeug hin. Binnen zwei Monaten wurde der Fall durch das Bundeskriminalamt aufgeklärt. Die Täter und ihre Hehler kamen in Frankfurt/Main vor Gericht. Drahtzieher war ein Thüringer, den die Bundesrepublik im Jahr zuvor aus der Haft freigekauft hatte.

Mit Ausnahme von Tötungsdelikten ist jedes Verbrechen aus DDR-Zeiten längst verjährt. Noch dazu sorgt das Bürgerliche Gesetzbuch für eine Rechtslage, die Diebstahlsopfer benachteiligt. Wer bestohlen wird, verliert nach 30 Jahren seinen Herausgabe-Anspruch. Besitz und Eigentum sind ab dann nicht mehr eins, sie fallen auseinander. Wird eine Beute nach 30 Jahren doch noch entdeckt, darf sie der neue „Besitzer" behalten oder auch verkaufen – zum Beispiel an den wahren Eigentümer. Dieser Umstand nährte in Gotha seit dem Jahr 2009 die Hoffnung, dass der Kunstraub von 1979 eines Tages doch noch aufgeklärt werden kann. Im Dezember 2019 wurde bekannt, dass im Namen der neuen „Besitzer" ein Rechtsanwalt die Gemälde zum Rückkauf angeboten hatte – für 5 Millionen Euro. Tatsächlich erhielt die Stiftung Friedenstein daraufhin die Bilder zurück – ohne finanzielle Gegenleistung. Die genauen Umstände des Raubzugs von 1979 wurden noch nicht bekannt.

Aha

Der Kreuzworträtselmord

Wie überführt man einen Mörder, der sein Opfer völlig unbemerkt von Zeugen in einem Koffer aus einem fahrenden Zug wirft? Die verblüffende Antwort erfuhren Millionen von DDR-Bürgern am 6. November 1988 aus dem Fernsehen. Gezeigt wurde ein Krimi aus der Serie „Polizeiruf 110".

Mehr als jedes zweite Fernsehgerät ist an diesem Sonntagabend eingeschaltet. Die Zuschauer verfolgen, wie die Kripo den Mörder eines kleinen Jungen sucht. Ihr einziger Anhaltspunkt sind Zeitschriften, mit denen der Koffer ausgepolstert war. Den Kriminalisten fällt auf: Die darin abgedruckten Kreuzworträtsel sind ausgefüllt worden, vermutlich von einer Frau. Doch wer ist sie? Alsbald inszeniert die Kripo einen Rätselwettbewerb. Sie hofft, dass die Schrift einer Einsenderin mit jener aus dem Koffer übereinstimmt.
Was die meisten Fernsehzuschauer allenfalls erahnen können: Der Film erzählt einen tatsächlichen Fall. Sieben Jahre zuvor war ein Siebenjähriger aus Halle sexuell missbraucht und ermordet worden. Auch den aus einem Zug geworfenen Koffer sowie das Kreuzworträtsel hatte es gegeben. Auf der Suche nach dem Täter glich die Polizei mehr als eine halbe Million Schriftproben ab und damit weit mehr, als bei jedem anderen Kriminalfall weltweit. Um an ausgefüllte Rätsel zu gelangen, ließ die Kripo sogar Altpapier sammeln. Nach rund zehnmonatigen Ermittlungen dann der Durchbruch. Die Handschrift aus dem Koffer ließ sich zweifelsfrei einer Frau aus Halle zuordnen. Sie selbst war unschuldig. Als Täter entpuppte sich der 18-jährige Freund ihrer Tochter.
Ein Ausnahmefall, gewiss. Tötungsverbrechen gab es in der DDR jedoch immer wieder. Statistisch gesehen wurde in den 1970er und 1980er Jahren jeden zweiten bis dritten Tag ein Mord oder ein Totschlag verübt. Die Aufklärungsquote lag bei 97 Prozent.

Populärer Irrtum

Wie sicher war die DDR?

Wer in der DDR lebte, durfte sich sicher fühlen. Kriminalität gehörte zwar zum Alltag. Doch verglichen mit der BRD war die Kriminalitätsrate (Taten pro 100.000 Einwohner) sehr gering. Trotzdem gibt es ein „Ja, aber …".

Waren es 1980 noch 129.270 Straftaten, die offiziell registriert worden sind, fiel die Zahl in den kommenden Jahren immer weiter. 1989 waren es 99.971 Fälle. Entsprechend sank die Kriminalitätsrate von 772 Fällen je 100.000 Einwohner auf 601. Die Rate in der damaligen Bundesrepublik lag rund zehn Mal so hoch. Besonders extrem fällt der Vergleich bei Mord und Totschlag aus. Hier standen im Jahr 1989 genau 132 DDR-Fällen immerhin 2.385 in der BRD gegenüber. Dennoch spiegelt die Kriminalitätsstatistik die ostdeutsche Situation verzerrt wider. Bestimmte Straftaten gelangten eher selten zur Anzeige, vor allem in Bereichen, die man als Opfer lieber vor der Staatsmacht versteckt hat. Wer etwa Handwerker schwarzarbeiten ließ und dabei betrogen wurde, ging wohl nicht zur Polizei. Das gleiche galt, wenn Bürger beim illegalen Devisenumtausch übers Ohr gehauen worden sind. Auch nach Schlägereien auf dem Schulhof, unter Kollegen oder bei der Kirmes ergingen selten Anzeigen. Man klärte die Sache im Kollektiv oder machte sie unter sich aus. Heutige Kriminologen sprechen von einem Dunkelfeld, zu dem jährlich eine fünfstellige Fallzahl gehört haben dürfte. Viele andere Delikte, die im Westen als Straftat ausgewiesen worden sind und es im wiedervereinten Deutschland noch immer werden, deklarierte die DDR lediglich als Vergehen. Dazu zählt das Schwarzfahren.
Auffallend in den DDR-Statistiken ist, dass sie einen großen Anteil an Gewohnheitstätern ausweisen. Etwa jeder dritte gefasste Straftäter hatte mindestens eine Vorstrafe auf dem Kerbholz. Jeder zwölfte Straftäter war nicht älter als 18.

Aha

Geköpft, erhängt, erschossen

Die Todesstrafe ist abgeschafft. Es sind lediglich vier Wörter, aus denen Artikel 102 des Grundgesetzes besteht. Mit diesem kurzen wie unmissverständlichen Satz wurden in der Bundesrepublik 1949 vollendete Tatsachen geschaffen. Erst 38 Jahre später zog die DDR nach.

Am 13. November 1989 hielt Stasi-Chef Erich Mielke die vermutlich absonderlichste Rede in der Geschichte der Volkskammer. „Ich liebe doch alle, alle Menschen, na, ich liebe doch", stammelte der vor kurzem noch gefürchtetste Mann der DDR. Sieben Jahre zuvor hatte sich Mielke weit resoluter ausgedrückt. Am 19. Februar 1982 erklärte der Minister seinen Führungskräften, was er von der Abschaffung der Todesstrafe hält. „Wir sind nicht davor gefeit, daß wir einmal einen Schuft unter uns haben. Wenn ich das schon jetzt wüsste, würde er ab morgen nicht mehr leben. Kurzer Prozess. Weil ich ein Humanist bin. Deshalb habe ich solche Auffassung ... Das ganze Geschwafel von wegen ‚nicht hinrichten' und ‚nicht Todesurteil' – alles Käse, Genossen. Hinrichten, die Menschen, ohne Gesetze, ohne Gerichtsbarkeit und so weiter!" Diese Sätze sind nicht erfunden. Sie haben als Tonband-Mitschnitt die Zeitläufe überdauert.

Gerichte der DDR verhängten in 227 Fällen eine Todesstrafe. Vermutlich 166 dieser Urteile wurden vollstreckt – mit dem Fallbeil, mit dem Strang, mit der Pistole. Der Blutzoll war freilich weit größer. Sowjetische Militärtribunale verurteilten zu Beginn der 1950er Jahre mehr als 1.100 Bürger der DDR zum Tode, fast immer geschah dies aus politischen Gründen. Die meisten Hinrichtungen erfolgten in Moskau. Lediglich im Kontext des Aufstandes vom 17. Juni 1953 änderte sich die Hinrichtungspraxis der Besatzer. Sie erschossen Rädelsführer standesrechtlich. Um den erhofften Abschreckungseffekt noch zu steigern, plakatierten die Sowjets den Vollzug in den betroffenen Städten.

Die Todesurteile der DDR-Gerichte trafen hauptsächlich NS-Verbrecher, Mörder sowie politische Gegner bzw. Spione. Den Vollzug von Hinrichtungen teilte

die Justiz seit den 1970er Jahren nicht mehr öffentlich mit. Selbst Angehörige lebten mitunter jahrelang in Ungewissheit über das Schicksal der Verurteilten. Hingerichtete wurden heimlich eingeäschert und ebenso heimlich sowie anonym bestattet. Die Totenscheine weisen andere Todesursachen aus: Viele der Getöteten starben angeblich an akutem Herz- und Kreislaufversagen.
In den 1970er Jahren setzte seitens der Partei- und Staatsführung das große Umdenken ein. Es war die Zeit der deutsch-deutschen Annäherung sowie der Schlussakte von Helsinki. Um die wachsende internationale Anerkennung nicht zu gefährden, machte die DDR bei Menschenrechten manch Zugeständnis. Der Verzicht auf die Vollstreckung der Todesstrafe gehörte dazu. Am 2. Oktober 1973 richtete der Henker letztmals Mörder hin; zwei Täter starben an diesem Tag durch „unerwarteten Nahschuss". Bis 1981 wurden noch zwei Kriegsverbrecher sowie vier Offiziere wegen Spionage erschossen. Drei dieser Todgeweihten stammten aus dem Ministerium jenes Mannes, der angeblich alle Menschen liebte.
1987 stimmt die Volkskammer der Abschaffung der Todesstrafe zu.
In Westdeutschland erfolgten 1951 die letzten sieben Hinrichtungen. Die US-Besatzer hängten sieben Kriegsverbrecher. Die Bundesregierung hatte vergeblich dagegen protestiert.

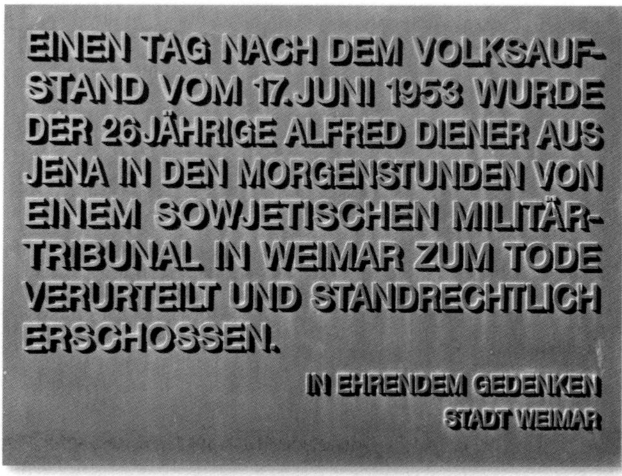

Kurzer Prozess mit Rädelsführern des 17. Juni: Tafel an einem Hinrichtungsort

Aha

10 Fakten über die Stasi

1. Das Ministerium für Staatsicherheit (MfS, auch Stasi genannt) wurde am 8. Februar 1950 gebildet. Hauptaufgabe der Stasi war, in der DDR als Geheimpolizei zu wirken. 1953 übernahm sie auch den Auslandsgeheimdienst. Erster Minister war Wilhelm Zaisser, sein Stellvertreter wurde Erich Mielke.

2. Das MfS unterstand keiner parlamentarischen Kontrolle. Es verstand sich selbst als Schild und Schwert der Partei.

3. In der Folge des Aufstands vom 17. Juni 1953 versuchten Stasi-Chef Wilhelm Zaisser sowie Rudolf Herrnstadt, Chefredakteur der SED-Zeitung „Neues Deutschland", Walter Ulbricht als Parteichef zu stürzen. Sie hofften auf Unterstützung aus Moskau. Doch die Sowjets stellten sich hinter Ulbricht. Zaisser und Herrnstadt verloren ihre Posten und wurden aus der SED ausgeschlossen. Mielke blieb stellvertretender Chef; 1957 stieg er zum Minister auf.

4. Das MfS war zentralistisch aufgebaut. In Berlin residierte die Hauptverwaltung. In den 15 Bezirken und 209 Kreisen gab es weitere Verwaltungen bzw. Dienststellen.

5. Zuletzt hatte das MfS rund 91.000 hauptamtliche Mitarbeiter, von denen die meisten militärische Dienstgrade besaßen. Allein in der Berliner Zentrale waren 7.000 Hauptamtliche beschäftigt. Außerdem unterhielt die Stasi das Wachregiment „Feliks Dzierżyński" mit rund 11.000 Angehörigen, darunter viele Zeitsoldaten.

6. Rund 189.000 inoffizielle Mitarbeiter (IM) waren in Wendezeiten in den Karteien der Stasi verzeichnet. Sie sollten andere Bürger sowie sich gegenseitig bespitzeln.

7. Licht in Tresore brachte die geheime Aktion „Licht“ im Jahr 1962. Die Stasi öffnete in Banken, Sparkassen und Versicherungen all jene Schließfächer und Wertpapierdepots, die von deren Eigentümern seit Jahren nicht mehr eingesehen worden sind. Dabei ging es um den Besitz verstorbener und republikflüchtiger Personen. Der Einsatzbefehl gab vor, die „nicht ordnungsgemäß erfassten Wertgegenstände“ zu beschlagnahmen und so „Schieber- und Spekulantentum zu unterbinden“. Edelmetalle, Schmuck, Devisen und Kunstgegenstände im damaligen Wert von 4,1 Millionen Mark kamen zusammen.

8. 1974 trat Willy Brandt (SPD) als Bundeskanzler zurück. Anlass war die Guillaume-Affäre. Einer seiner engsten Mitarbeiter, Günter Guillaume, war als Agent der Stasi enttarnt worden. Er und seine Frau kehrten im Austausch gegen westliche Agenten in die DDR zurück. Beide erhielten 1981 den Karl-Marx-Orden.

9. Am 4. Dezember 1989 besetzten Bürger erstmals eine Bezirksverwaltung der Stasi, und zwar in Erfurt. Sie wollten die Vernichtung von Akten verhindern, kamen teils aber bereits zu spät. Die Berliner Zentrale wurde am 15. Januar 1990 gestürmt. Zwei Tage zuvor hatte die Übergangsregierung der DDR beschlossen, die Stasi aufzulösen. Das erfolgte faktisch zum 30. Juni 1990.

10. Die erhalten gebliebenen Akten der Stasi umfassen 111 Regal-Kilometer. Sie werden in den Archiven des Bundebeauftragten für die Stasi-Unterlagen (BStU) aufbewahrt. Jeder Bürger hat das Recht, über ihn angelegte Akten einzusehen. Mehr als zwei Millionen Menschen haben dies bereits getan.

Relikt der Stasi: Von Bürgern, die der DDR kritisch gegenüberstanden, wurden Geruchsproben konserviert. In diesem Falle war der Verhaftete wegen „Anschmieren von Losungen“ ins Visier des Ministeriums für Staatssicherheit geraten.

Aha

10 Fakten über die Bürgerbewegung

1. Am **18. August 1976** stellte Pfarrer Oskar Brüsewitz vor der Zeitzer Michaeliskirche zwei Plakate auf. Auf ihnen hieß es: „Wir klagen den Kommunismus an wegen Unterdrückung der Kirchen in Schulen an Kindern und Jugendlichen". Brüsewitz übergoss sich mit Benzin und zündete sich selbst an. Er starb vier Tage später.

2. **1978** führte die DDR Wehrkunde als Schulfach ein. Die Evangelischen Kirchen protestierten vergeblich. In zahlreichen Gemeinden bildeten sich Friedenskreise. Jugendliche trugen in den folgenden Jahren auf ihrer Kleidung Aufnäher mit dem Spruch „Schwerter zu Pflugscharen".

3. **1979** änderte die DDR den §106 des Strafgesetzbuchs ab. Er war fortan mit „Staatsfeindliche Hetze" überschrieben. Die Beschreibung der Tatbestände war allgemein gehalten und ließ sich auf jegliche Form von Opposition anwenden. „Wer die gesellschaftlichen Verhältnisse diskriminiert ... wird mit Freiheitsstrafe von einem bis zu acht Jahren bestraft."

4. Am **12. Oktober 1982** unterzeichneten 150 Frauen eine gemeinsame Eingabe an den Staatsratsvorsitzenden Erich Honecker. Auslöser war das neue Wehrdienstgesetz. Es sah im Verteidigungsfall auch die Einberufung von Frauen vor. Unter anderem forderten die Frauen das gesetzlich verbriefte Recht, den Wehrdienst verweigern zu dürfen. Die Stasi reagierte mit Vorladungen und Verhören. Die Gruppe „Frauen für den Frieden" agierte weiterhin, meist unter dem Dach der Kirche. In Berlin wurden 1983 die Friedensaktivistinnen Bärbel Bohley und Ulrike Poppe verhaftet.

5. **1986** gründete sich in Berlin die Bürgerrechtsgruppe „Initiative Frieden und Menschenrechte". Außerdem eröffnete an der Zionskirche die Umweltbibliothek. Sie sammelte Literatur zu Umwelt- und Menschenrechtsthemen und verbreitete eigene Umweltblätter.

6. Am **17. Januar 1988** kamen zur alljährlichen Gedenkveranstaltung für Karl Liebknecht und Rosa Luxemburg in Berlin auch Bürgerrechtler. Sie zeigten Spruchbänder vor mit dem berühmten Luxemburg-Zitat „Freiheit ist immer die Freiheit der Andersdenkenden". Im Vorfeld, während der Demo und in den folgenden Tagen kamen 150 Bürger in Haft. Sprecher verschiedener Bürgerbewegung wurden zur Ausreise aus der DDR gezwungen, etwa Freya Klier, Vera Wollenberger und Stephan Krawczyk.

7. Am **9./10. September 1989** gründeten 30 Bürgerrechtler das Neue Forum als „politische Plattform für die ganze DDR". Im Gründungspapier heißt es: „Wir rufen alle Bürger und Bürgerinnen der DDR, die an einer Umgestaltung unserer Gesellschaft mitwirken wollen, auf, Mitglieder des Neuen Forums zu werden. Die Zeit ist reif." Zehn Tage später lehnte das Innenministerium die beantragte Zulassung ab. Das Neue Forum sei eine staatsfeindliche Plattform, für deren Bestehen „keine gesellschaftliche Notwendigkeit besteht". Doch die Bewegung war nicht mehr zu stoppen. Sie wurde am 8. November formal zugelassen.

8. Am **7. Dezember 1989** trafen sich 15 Vertreter der fünf Blockparteien sowie 15 Bürgerrechtler zum ersten Runden Tisch in Berlin. Eine der ersten Forderungen lautete, die Stasi, welche mittlerweile in Amt für Nationale Sicherheit umbenannt wurde, aufzulösen. Sitzung für Sitzung wurde immer offensichtlicher, dass die Regierenden ihre Macht teilen bzw. abgeben müssen.

9. Im **Februar 1990** schlossen sich die Oppositionsbewegungen Demokratie Jetzt, Initiative für Frieden und Menschenrechte sowie Neues Forum zum Bündnis 90 zusammen. Sie beteiligten sich gemeinsam an den ersten freien Volkskammerwahlen. Das Bündnis 90 erhielt 2,9 Prozent der Stimmen.

10. Bis **1989** kaufte die Bundesrepublik 33.755 politische Häftlinge aus der DDR frei – gegen Warenlieferungen. Die Bundesregierung gibt an, dafür rund 3,5 Milliarden DM ausgegeben zu haben. Für die ersten 15 Häftlinge hatte die DDR im Jahre 1964 drei Waggons mit Kalisalz verlangt.

Populärer Irrtum

Ländersache

1990 beschloss die Volkskammer ein „Verfassungsgesetz zur Bildung von Ländern". Damit war eine der Grundlagen dafür gelegt, dass Ostdeutschland der Bundesrepublik beitreten kann. Hat es in der DDR zuvor wirklich keine Länder gegeben?

Bereits wenige Tage nachdem die Sowjetische Militäradministration (SMAD) 1945 die Regierungstätigkeit aufgenommen hatte, setzte sie auf föderale Strukturen. Die Länder bzw. Provinzen Thüringen, Sachsen, Sachsen-Anhalt, Brandenburg und Mecklenburg-Vorpommern entstanden. Im Oktober 1945 billigte ihnen die SMAD per Befehl das ausdrückliche Recht zu, „Gesetze und Verordnungen, die Gesetzeskraft haben, auf den Gebieten der gesetzgebenden, richterlichen und vollstreckenden Gewalt zu erlassen". Allerdings, so hielt der Befehl fest, geschehe diese Übertragung von Befugnissen in Folge des Fehlens einer Zentralregierung. Am 20. Oktober 1946 fanden die ersten Landtagswahlen statt. Kurz darauf gaben sich die fünf Länder eigene Verfassungen. Aus Mecklenburg-Vorpommern wurde Mecklenburg.
Mit Gründung der DDR blieb es der Papierform nach beim Föderalismus. Die Verfassung von 1949 schrieb fest: „Deutschland ist eine unteilbare Republik; sie baut sich auf den deutschen Ländern auf." Zugleich verloren die Länder ihre gesetzgeberische Gewalt an die Volkskammer. Die SED baute das Prinzip des demokratischen Zentralismus weiter aus. Schließlich dekretierte die Regierung 1952: „Das noch vom kaiserlichen Deutschland stammende System der administrativen Gliederung in Länder mit eigenen Landesregierungen sowie in große Kreise gewährleistet nicht die Lösung der neuen Aufgaben unseres Staates." Fortan übernahmen 14 Bezirke sowie 217 ihnen nachgeordnete Kreise die flächendeckende Verwaltung. Praktisch hörten die Länder damit auf zu existieren. Berlin wurde der Bezirksstatus 1961 zuerkannt.

Aha EXTRA

„Niemand hat die Absicht, eine Mauer zu errichten“

Genau 28 Jahre, zwei Monate und 27 Tage lang war die Berliner Mauer das verhassteste Bauwerk Deutschlands. Nach offizieller Lesart entstand sie als antifaschistischer Schutzwall gegenüber den Westmächten. Tatsächlich sollten die Berliner Mauer und die Sperranlagen an der innerdeutschen Grenze vor allem die eigenen Bürger daran hindern zu fliehen.

Die Vorgeschichte

Schon 1946 wurde in der sowjetischen Besatzungszone eine Grenzpolizei gegründet, der Vorläufer der Grenztruppen. Sie übernahm die Überwachung der innerdeutschen Grenze. Ab 1952 wurde sie immer mehr militärisch gesichert. Seither zog sich eine etwa fünf Kilometer breite Sperrzone entlang der Grenze. Wer sich hier aufhalten wollte, benötigte einen Passierschein. Dagegen blieb die Grenze zu Westberlin 1961 vergleichsweise durchlässig.
Wie viele DDR-Bürger flohen vor dem Mauerbau nach Westberlin bzw. in die Bundesrepublik? Ein Bulletin der Bundesregierung vom Februar 1961 spricht von genau 2.531.540 Menschen bis zum 31. Dezember 1960. Das Papier benennt zahlreiche Berufsgruppen. Demnach befanden sich unter diesen Flüchtlingen 4.334 Ärzte und Zahnärzte, 738 Hochschullehrer sowie 15.536 Ingenieure und Techniker. Die Fluchtursachen waren vielgestaltig. Mal spielten politische Gründe eine Rolle, mal wirtschaftliche. Manch Krimineller suchte sein Heil im anderen Teil Deutschlands. Nicht selten zog es die Menschen aber auch einfach nur zu ihren andernorts lebenden Familien.
Auch die DDR-Obrigkeit dachte über das Warum nach. In einem Brief von SED-Chef Walter Ulbricht an den sowjetischen Parteichef Nikita Chruschtschow

liest sich das im Januar 1961 so: „Die wirtschaftliche Stabilisierung in der DDR (ist) die Hauptaufgabe, um die Republikflucht zu vermindern ... Der konjunkturelle Aufschwung in Westdeutschland, der für jeden Einwohner der DDR sichtbar war, ist der Hauptgrund dafür, daß im Verlaufe von zehn Jahren rund zwei Millionen Menschen unsere Republik verlassen haben."
Im Lauf des Jahres 1961 setzten sich weiterhin Zehntausende DDR-Bürger ab. Allein im Juli waren es 30.415, also durchschnittlich über 1.000 je Tag.

Die Großwetterlage

Am 4. Juni kam es zu einem sowjetisch-amerikanischen Gipfeltreffen in Wien. Nikita Chruschtschow versuchte, Präsident John F. Kennedy unter Druck zu setzen. Er kündigte an, mit der DDR einen separaten Friedensvertrag abschließen zu wollen. Das hätte unmittelbare Auswirkungen auf den bisherigen Viermächte-Status von Berlin gehabt. Eine erneute Blockade Westberlins, wie 1948/49 geschehen, schien möglich.

Das Dementi

Am 15. Juni lud Walter Ulbricht die nationale und internationale Presse zu einer Konferenz, auf der er die sowjetische Initiative ausdrücklich begrüßte. Er forderte vor über 300 Journalisten die Schließung der Westberliner Flüchtlingslager. Außerdem verlangte er, dass die DDR die volle Kontrolle der Transitwege einschließlich der zivilen Luftfahrt übernehmen darf. Eine westdeutsche Reporterin fragte nach, ob dies die Errichtung einer Grenze am Brandenburger Tor bedeutet. Ulbricht antwortete: „Ich verstehe Ihre Frage so, dass es Menschen in Westdeutschland gibt, die wünschen, dass wir die Bauarbeiter der Hauptstadt der DDR mobilisieren, um eine Mauer aufzurichten, ja. Mir ist nicht bekannt, dass solche Absicht besteht, da sich die Bauarbeiter in der Hauptstadt hauptsächlich mit Wohnungsbau beschäftigen und ihre Arbeitskraft voll eingesetzt wird. Niemand hat die Absicht, eine Mauer zu errichten."

Der Mauerbau

Am Montag, dem 7. August, traf sich das Politbüro der SED zu einer außerplanmäßigen Sitzung. Laut Protokoll ging es um die „Frage des Kampfes gegen den Menschenhandel". In dem Papier heißt es: „Der Beginn der vorgesehenen Maßnahmen zur Kontrolle erfolgt in der Nacht vom Sonnabend

zum Sonntag auf Grund eines Beschlusses des Ministerrates." Die unmittelbare Vorbereitung der Grenzsicherung durch die Ministerien für Verteidigung, des Inneren und der Staatssicherheit begann. Zwei mit Panzern motorisierte Schützendivisionen wurden in Alarmbereitschaft versetzt.
In den frühen Stunden des 13. August rollten 220 Panzer und Schützenpanzer der NVA in Ostberlin ein. Eine weitere Division sicherte die ländlich geprägte Außengrenze zu Westberlin. Der Einsatzbefehl des Verteidigungsministers legte fest: „Die Anwendung der Schußwaffe ist kategorisch verboten und erfolgt nur auf meinen Befehl. Die Munition in den Panzern ist zu versiegeln." Dennoch fielen in Berlin-Treptow gegen 4.25 Uhr einige Schüsse. Sofort versuchte die Volkspolizei, den Schützen zu finden. Er entpuppte sich als harmloser Förster, der Kaninchen gejagt hatte.
Unmittelbar an der Grenzlinie übernahmen rund 10.000 Polizisten sowie Angehörige der Kampfgruppen die Absperrung. Sie brachen Pflastersteine aus den Straßen und errichteten kleine Barrikaden. Überall entstanden Stacheldrahtverhaue. Der Bau von Mauern begann erst Tage später. Außerdem wurden Hunderte Fenster und Türen jener Häuser zugemauert, die unmittelbar an der Sektorengrenze standen.

Der Rock 'n' Roll-Vergleich

Am 18. August sprach Walter Ulbricht als Vorsitzender des Staatsrats über Rundfunk und Fernsehen zu den Bürgern der DDR. Er dankte „den prächtigen Söhnen und Töchtern unserer Werktätigen, die gegenwärtig Uniform tragen". Ulbricht verteidigte den Einsatz von Panzern. Sie hätten von vornherein Provokateuren die Lust genommen, Zwischenfälle heraufzubeschwören. Er stellte zufrieden fest: „Es ist bei der Durchführung all unserer Maßnahmen weit, weit weniger passiert als bei einer durchschnittlichen Rock 'n' Roll-Veranstaltung im Westberliner Sportpalast." Ulbricht beendete seine neunminütige Rede mit einem kämpferischen „Freundschaft!"
Sechs Tage später versuchte der Berliner Günter Litfin nach Westberlin zu flüchten. Er starb im Kugelhagel und wurde zum ersten Todesopfer der Berliner Mauer.

Aha

Gab es einen Schießbefehl?

Über die Zahl der Toten an der innerdeutschen Grenze sowie an der Mauer entbrennt immer mal wieder Streit. Meist geht es um die Frage, wie man den Opferbegriff definiert. Zählen nur Flüchtlinge dazu? Oder auch getötete Grenzsoldaten? Was ist mit Reisenden, die während Kontrollen einen Herzinfarkt erlitten? Über allem aber schwebt die große Frage, ob es überhaupt einen Schießbefehl gegeben hat.

Der 5. Februar 1989, gegen 23.40 Uhr. In Berlin-Treptow fallen 22 Schüsse. Grenzsoldaten feuern gezielt auf zwei sogenannte Grenzverletzer. Eine der Kugeln trifft Chris Gueffroy ins Herz; er ist der überhaupt letzte von Grenzern getötete DDR-Bürger. Sein Freund hat Glück im Unglück. Er wird verletzt festgenommen und noch vor dem Mauerfall von der Bundesrepublik freigekauft. Der Tod des 20-jährigen Gueffroy bringt die DDR in bis dahin nie erlebte außenpolitische Erklärungsnöte. Lediglich drei Wochen zuvor hatte die DDR das KSZE (Koferenz über Sicherheit und Zusammenarbeit in Europa)-Folgeabkommen unterzeichnet und damit das Recht auf Ausreise eines jeden Bürgers anerkannt. Nun, angesichts des Bekanntwerdens der Todesschüsse, ist Staats- und Parteichef Honecker außer sich. Erst muss ihm Stasi-Chef Erich Mielke einen detaillierten Bericht vorlegen, danach lässt er den Verteidigungsminister sowie den Chef der Grenztruppen vergattern. Die Niederschrift dieser am 3. April 1989 geführten „Rücksprache" ist erhalten geblieben. Auf Seite 2 heißt es rhetorisch: „Wenn der Minister für Nationale Verteidigung sagt, daß kein Schießbefehl exisitiert, dann darf man an der Staatsgrenze auch nicht schießen." Deshalb gelte es zu beachten: „Lieber einen Menschen abhauen lassen, als in der jetzigen politischen Situation die Schußwaffe anzuwenden." Alternativ empfiehlt Honecker, berittene Grenzsoldaten einzusetzen. „Damit würde die Beweglichkeit der eingesetzten Kräfte auch mit erhöht."
Einen Befehl, der formell Schießbefehl hieß, hat es in der DDR nie gegeben. Die Anwendung der Schusswaffe gegen Republikflüchtlinge war dennoch legitim

und bis 1989 auch politisch gewollt. So zitiert das Protokoll der Sitzung des Nationalen Verteidigungsrats vom 3. Mai 1974 Erich Honecker folgendermaßen: „Nach wie vor muß bei Grenzdurchbruchsversuchen von der Schußwaffe rücksichtslos Gebrauch gemacht werden, und es sind die Genossen, die die Schußwaffe erfolgreich angewandt haben, zu belobigen." Das Wie regelte die Dienstvorschrift der Grenztruppen exakt: Der Einsatz der Schusswaffe war mit dem Ruf „Halt! Grenzposten! Stehenbleiben oder ich schieße!" anzukündigen. Außerdem hatten die Posten einen Warnschuss abzugeben. Blieb auch diese Warnung erfolglos, durfte gezielt geschossen werden.

1991 begann der erste Mauerschützen-Prozess – wegen der Schüsse auf Chris Gueffroy. Der Todesschütze erhielt eine Gefängnisstrafe von dreieinhalb Jahren. 1992 wurde Erich Honecker angeklagt, auf Basis des Schießbefehls am vielfachen Totschlag beteiligt gewesen zu sein. Angesichts seiner Krebserkrankung stellte das Gericht das Verfahren im Januar 1993 ein. Honecker kam nach 169 Tagen U-Haft wieder frei. Zahlreiche weitere Prozesse und Verurteilungen folgten, sowohl gegen Grenzsoldaten als auch gegen hochgestellte Militärs sowie führende Politiker. Der prominenteste Verurteilte war Egon Krenz. Er wurde zu sechseinhalb Jahren verurteilt, knappe vier Jahre saß er ab.

Das Leistungsabzeichen der Grenztruppen zeigt eine Schpagin.
Diese Maschinenpistole war in den ersten Jahren die Standardwaffe der Posten.
Sie wurde durch die Kalaschnikow ersetzt.

Populärer
Irrtum

„Sofort, unverzüglich"

Der 9. November ging als Tag des Mauerfalls in die deutsche Geschichte ein. Die Öffnung der Grenze hatte der Berliner SED-Chef Günter Schabowski eher beiläufig auf einer Pressekonferenz verkündet. Seither hält sich die Vermutung, er habe eigenmächtig gehandelt. Wie war es wirklich?

Schabowski war nicht nur Mitglied des Politbüros der SED, also des engsten Machtzirkels der DDR. Er war auch Journalist. Das prädestinierte ihn aus Sicht seiner Genossen dafür, in der Wendezeit als offizieller Sprecher aufzutreten sowie Pressekonferenzen zu leiten. Auch für den Abend des 9. November 1989 ist eine solche Konferenz einberufen worden. Rund 200 Journalisten aus dem In- und Ausland erwarten ihn. Die Konferenz beginnt um 18 Uhr. Genau 53 Minuten später kommt ein italienischer Journalist zu Wort. Er fragt Schabowski, ob das geplante Reisegesetz nicht ein großer Fehler sei.
Gemeint ist jener Gesetzentwurf, der drei Tage zuvor veröffentlicht worden war. Er stellte allen DDR-Bürgern das Recht auf ständige Ausreise oder aber auf eine maximal 30 Tage währende Westreise in Aussicht. Das war gegenüber bisherigen Regelungen zweifelsohne ein Fortschritt. Doch ein Gutteil der DDR-Bürger war nicht mehr bereit, sich mit einer halbherzigen Lösung abspeisen zu lassen. Schon am Tag der Veröffentlichung hatte es massive Proteste gegeben, so auf der Montagsdemo in Leipzig. Für die Demonstranten kam nur eine uneingeschränkte Reisefreiheit in Frage. Vor diesem Hintergrund überarbeiteten Offiziere des Innenministeriums und der Stasi den Entwurf im Laufe des 9. November. Am späten Nachmittag nickten die obersten Gremien der SED die abgeänderten Regelungen ab.
Zur besonderen Dramatik dieses Tages gehört, dass Günter Schabowski wegen anderer Verpflichtungen nicht an der Besprechung des nachgebesserten

Gesetzes teilnehmen konnte. Erst kurz vor der Pressekonferenz steckte ihm Parteichef Egon Krenz ein Papier mit der zu verkündenden Nachricht zu. Vermutlich hatte Schabowski dieses Blatt vor der Konferenz nicht gelesen. Wie auch immer: Während der Pressekonferenz berichtet er über alle erdenklichen Fragen der Innenpolitik, nicht aber über das Reisegesetz. Bis zu jenem Moment, in dem sich der Italiener zu Wort meldet ...

Plötzlich fällt es Schabowski wie Schuppen von den Augen. Er hat schlichtweg vergessen, selbst das Gesetz zu thematisieren. Wo aber ist sein zugesteckter Zettel? Er beginnt in einem Stapel von Papier zu suchen und zu suchen. Um nicht den Eindruck von Sprachlosigkeit aufkommen zu lassen, sondert der SED-Sprecher minutenlang belanglose Informationen und unzählige „Äh" ab. Dann, endlich, findet er das Blatt. Er setzt sich eine Brille auf und liest vor. „Wir haben uns dazu entschlossen, heute eine Regelung zu treffen, die es jedem Bürger der DDR möglich macht, über Grenzübergangspunkte der DDR auszureisen. Privatreisen nach dem Ausland können ohne Vorliegen von Voraussetzungen – Reiseanlässe und Verwandtschaftsverhältnisse – beantragt werden." Sofort haken Journalisten nach. Sie fragen, ab wann diese Regelung gilt. Schabowski übersieht, dass in seinem Papier erst der Folgetag genannt ist. Er radebrecht: „Das tritt nach meiner Kenntnis ... ist das sofort, unverzüglich ..."

Die Nachricht ist in der Welt. Weder sie noch die DDR-Bürger sind jetzt noch aufzuhalten. Tausende strömen an den Grenzübergang in der Bornholmer Straße von Berlin. Noch bleibt der Schlagbaum zu. Um den Druck zu mindern, lassen die Grenzposten einige Menschen passieren. Das aber verstärkt die Forderungen all der anderen umso mehr. Um 23.30 Uhr öffnet sich die Grenze für alle. Schätzungen zufolge strömen binnen einer Stunde 20.000 Menschen nach Westberlin.

Binnen der nächsten Tage und Wochen öffnen zahlreiche weitere Übergänge entlang der gesamten innerdeutschen Grenze.

Aha EXTRA

Ein Kater als Markenzeichen

Kennen Sie noch Mauz und Hoppel, Timm Thaler und den Bootsmann auf der Scholle? Erinnern Sie sich jener Zeiten, in denen pubertierende Jugendliche heimlich im „Decamerone“ geblättert haben? Sehnten Sie den nächsten Friseurbesuch auch deshalb herbei, da im Salon stets ein ganzer Stapel von „Das Magazin“ auslag? Wenn ja, dann sind Ihnen diese Momente auch dank Werner Klemke in Erinnerung geblieben.

Klemke war in der DDR allgegenwärtig. Er illustrierte Dutzende Kinderbücher, klassische Literatur und solche aus dem Sowjetland. Er gestaltete Theaterplakate und Zeitschriften, aber auch Schallplattenhüllen und Briefmarken. „Er überzog das Land mit seinen Linien wie mit feiner Spitze, machte es feiner, filigraner, angenehmer, liebenswerter, lächelnder, als es oft war.“ So beschrieb sein Schwiegersohn Chaim Noll 1996 das künstlerische Werk. Zwei Jahre zuvor war der 1917 geborene Grafiker gestorben.
Das künstlerische Sein des Werner Klemke begann in den 1930er Jahren. Zu Zeiten, da in den USA Walt Disney eine Nation zu verzaubern begann, verdingte sich Klemke in Deutschland recht glücklos als Trickfilmzeichner. Eine Kunstschule zu besuchen blieb ihm versagt, der Krieg kam dazwischen. Als der Weltkrieg endlich vorbei war, schlug sich Klemke zunächst als Überlebenskünstler durch. Erst 1952 erhielt er seinen ersten bedeutenden Auftrag; er illustrierte eine Ausgabe von Montesquieus „Wahrhaftiger Geschichte“ mit schwarz-weiß gedruckten Holzschnitten. Der Durchbruch war geschafft.
Die Beschränkung auf das Wesentliche prägte fortan Klemkes grafisches Wirken. Er setzte den fein geschwungenen Strich gegen selbstverliebte Schnörkel. Ihm waren schwarz-weiße Kompositionen lieber als eine billige Farbhascherei, noch dazu verweigerte er sich zeichnerischen Kinkerlitzchen.

Allerdings gestattete sich der Zeichner eine Ausnahme, und die wurde prompt zum Markenzeichen des späteren Kunstprofessors. Von 1955 bis 1991 illustrierte Klemke die Titelseite des „Magazins“; fast immer versteckte er einen klitzekleinen Kater in den meist erotischen Zeichnungen. Diesen kultigen Stubentiger zu entdecken, wurde allmonatlich für abertausende Fans zu einem spielerischen Muss.
Für seine künstlerischen Erfolge erhielt Werner Klemke den Nationalpreis der DDR sowie den Vaterländischen Verdienstorden in Gold. Mehrmals wurden von ihm illustrierte Bücher als die schönsten des jeweiligen Jahrgangs gekürt. Erst 2011 wurde öffentlich bekannt, dass Klemke als Schreiber einer Wehrmachtseinheit in Holland eine Widerstandsgruppe unterstützt hatte. Zu seinen Aufgaben gehörte das Fälschen von Taufurkunden und Ausweisen für verfolgte Juden. Seine Gruppe rettete etwa 300 Menschen vor der Deportation.

„Das Magazin“ erschien in der DDR monatlich. Werner Klemke illustrierte 423 Titelseiten.

Aha

Dig, Dag und Digedag

1955 durften sich Kinder und Jugendliche in der DDR über ein besonderes Weihnachtsgeschenk freuen. Erstmals erschien das „Mosaik". Die Bilderzeitschrift war als sozialistische Antwort auf Mickey Mouse und Donald Duck gedacht. Schon bald rissen sich die Leser um die Hefte. Die drei Haupthelden Dig, Dag und Digedag gingen 1975 in den Ruhestand. Kultstatus genießen sie aber noch immer.

Die DDR zu Beginn der 1950er Jahre. Noch sind die Grenzen nach Westberlin und Westdeutschland durchlässig. Das macht es Comicfiguren wie Mickey Mouse und Donald Duck leicht, zum angeblichen Verderb der sozialistischen Jugend beizutragen.
Das Interesse der Staatsführung ist groß, mit einer eigenen Bilderzeitschrift aufzuwarten.
In dieser Situation wird, mehr oder weniger zufällig, ein Zeichner mit Arbeitsproben beim Verlag Neues Leben vorstellig. Johannes Hegenbarth (alias Hannes Hegen) stellt vermenschlichte Tierfiguren vor. Sie erinnern noch sehr an Disney-Vorbilder. Dazu gehören ein Hund namens Strupp sowie das Krokodil Nikodemus. Dennoch erhält Hegenbarth den Auftrag, eine Bildergeschichte für Kinder zu entwickeln. Sie soll, so der Plan, alle drei Monate erscheinen. Noch ahnt niemand, dass der Zuspruch der Leser so groß sein wird, dass das „Mosaik" ab Heft 8 auf eine monatliche Erscheinungsweise umgestellt werden kann.
Hegenbarth rückt mit Dig, Dag und Digedag drei Kobolde ins Zentrum seiner Geschichten. Sie ergänzen sich gegenseitig perfekt. Der schwarzhaarige Dig ist zwar mitunter übervorsichtig, aber auch ein wahres Erfindergenie. Der blonde Dag erweist sich als unbekümmerter Draufgänger; er ist stets hilfsbereit. Der rotschopfige Digedag ist

mutig und entscheidungsstark. Eigentlich taugt er zum geborenen Anführer, allerdings nimmt ihn Hannes Hegen für zehn Jahre aus der Handlung heraus. Während dieser Zeit gibt Dig den Ton an.
Im ersten Heft erleben wir die Digedags, so dessen Titel, „Auf der Jagd nach dem Golde". Sie bestehen ein Abenteuer im Orient, wo sie dem raffgierigen Sultan und seinen Steuereintreibern manches Schnippchen schlagen. Schließlich räumen sie die Schatzkammer leer und verteilen das Gold unter den ausgeplünderten Untertanen. Zu Gold machen lässt sich mittlerweile auch

Die Abenteuer der Digedags erschienen als Comic-Heftchen.
Längst gibt es das Mosaik auch als Reprint in Buchform.

das erste „Mosaik". Je nach Erhaltungszustand verlangen Verkäufer bis zu 3.500 Euro für ein Exemplar. Seinerzeit kostete ein Heft 95 Pfennige.
Der Digedag-Erfinder stattete die Kobolde mit einer sagenhaften Eigenschaft aus: Sie können jederzeit an jedem Ort der Welt sein. Eine derartige Reisefreiheit ist normalen DDR-Bürgern versagt. So öffnen die Kobolde immer auch den Blick ihrer Fans in die weite Welt. Sie verdingen sich im Mittelalter als Knappen des Ritters Runkel und erleben mit ihm den Karneval in Venedig. Sie werden von einem Spion des Großneonischen Reiches ins Weltall entführt. Sie machen Karriere als Zirkusdirektoren im römischen Kolosseum, fallen aber in Ungnade. Sie geraten in die Wirren des amerikanischen Bürgerkriegs und helfen entflohenen Sklaven. Sie fechten in der Karibik mit Flibustiern, die sich als arme Bananenpflücker entpuppen. Schließlich, im Heft 223, erleben sie erneut ein Abenteuer im Orient. Es wird ihr letztes sein. Als am Horizont die Fata Morgana einer Märchenstadt auftaucht, reiten die Digedags schnurstracks hinein und verschwinden in ihr für immer und ewig.
Mit den unverkennbar den Digedags nachempfundenen Abrafaxen stehen zu diesem Zeitpunkt ihre Nachfolger längst bereit. Zur Überbrückung erscheinen noch sechs Nachdrucke alter Ritter-Runkel-Hefte. Im Januar 1976 übernehmen Abrax, Brabax und Califax die Hauptrollen im „Mosaik".
Nur einem kleinen Kreis waren damals die Hintergründe des Wechsels bekannt. Hinter den Kulissen hatte es seit Jahren teils heftige Zerwürfnisse zwischen Hegenbarth und seinen Mitarbeitern sowie staatlichen Kulturfunktionären gegeben. Mal stritt man sich um den Fortgang der Geschichten, mal ging es um die Tantiemen. Fortan schrieben zwei langjährige Wegbegleiter des Mosaik-Erfinders die Erfolgsgeschichte der Bilderzeitschrift fort: Lothar Dräger als Texter und Lona Rietschel als Zeichnerin.
Das „Mosaik" fasziniert seine Leser bis heute. Zwar erreicht seine Auflage bei weitem nicht mehr die halbe Million von einst. Dennoch ist es der älteste noch immer produzierten Comic Deutschlands. Eine Erfolgsstory aus der DDR.

Aha

10 Songs, die unter die Haut gehen

„Langeweile" – so heißt einer der Kultsongs aus der DDR. Das Lied entstand 1988. Es rechnet schonungslos mit den alten Männern der DDR ab. Jahrzehntelang hatten sie das Land reglementiert und stets auch Musiker zensiert. Dennoch blieb die Rockszene äußert lebendig und vor allem kreativ. Wir stellen stellvertretend zehn Songs vor – in chronologischer Reihenfolge.

„Tritt ein in den Dom"

Electra bezog immer wieder Elemente der klassischen Musik und des Jazzrock in ihre Kompositionen ein. Das bescherte den Liedern eine unglaubliche Harmonie, mitunter auch einen weihevollen Charakter. Die Aufforderung, einen Dom zu betreten, steht zu Beginn nahezu jeder Textzeile. Warum? Ganz einfach: „Weiter wird jede Brust. Hier atmet man Größe. Größe atmet man hier", singt Electra. Das Lied entstand 1972 und wurde auf Konzerten und im Radio gespielt. 1980 erschien es auf einer Schallplatte.

„Du hast den Farbfilm vergessen"

Nina Hagen sang 1974 von ihrem Urlaub mit Michael auf Hiddensee: „Ich im Bikini und ich am FKK." Doch ach, o weh, Michael hatte den Farbfilm vergessen, und deshalb, so die Hagen, würde kein Mensch glauben, wie schön der Urlaub war. Ein herrlich schräges Lied. Nina Hagen war erst 19 Jahre jung und landete bereits ihren größten Erfolg in der DDR. Im Zuge der Biermann-Affäre – er war Lebensgefährte ihrer Mutter – reiste sie zweieinhalb Jahre später aus.

„Alt wie ein Baum"

Warum wünschten sich die Puhdys 1976, alt wie ein Baum zu werden, „mit Wurzeln, die nie ein Sturm bezwingt"? Genau, weil sie dann, so wie eine Baumkrone, zwischen Himmel und Erde sein würden. Die Puhdys waren nicht nur eine der beliebtesten Rockbands, sondern auch die kommerziell erfolgreichste der DDR.

„Am Fenster"

Der 1977 von City als Schallplatte veröffentlichte Titel gilt als der bis heute meistgeliebte DDR-Rocksong. Das Original ist fast 18 Minuten lang; es gibt aber auch rundfunktaugliche, kürzere Versionen. Das Lied erzählt von einem Menschen, der durchs Fenster das Leben beobachtet und sich nach Liebe sehnt. Immer dann, wenn Georgi Gogow mit der Violine eine Solo-Einlage spielt, bekommen Zuhörer eine Gänsehaut – und spätestens bei der Liedzeile „Flieg ich durch die Welt" singen alle mit. Dass gerade diese Zeile zu DDR-Zeiten doppelsinnig verstanden wurde, versteht sich von selbst.

„Über sieben Brücken mußt du gehen"

Karat nahm das Lied als Titelsong für einen gleichnamigen, 1978 ausgestrahlten Fernsehfilm auf. Der Film erzählt von der bedrohten Liebe zwischen einer Deutschen und einem Polen. Die vermutlich gefühlsstärkste Zeile lautet: „Manchmal ist man wie von Fernweh krank, manchmal sitzt man still auf einer Bank." 1980 produzierte Peter Maffay in Westdeutschland eine eigene Version des Titels, erkennbar am Saxophon-Solo. In späteren Jahren coverten auch Helene Fischer und Heino das Lied.

Schallplatten waren der häufigste Tonträger zu DDR-Zeiten. Die Ära der millionenfach produzierten Musik-CD begann zwar Mitte der 1980er Jahre, allerdings vorerst nur in Westdeutschland.

„Am Abend mancher Tage“
Lift produzierte das Lied 1979 als Reaktion auf einen Verkehrsunfall. Im Jahr zuvor waren zwei Mitglieder der Band während einer Tournee in Polen ums Leben gekommen. „Manchmal will man hin zur Sonne und stürzt ab“ heißt es in dem Song. Das Lied wurde zum beliebtesten Song des Jahres.

„Mont Klamott“
Das Lied erzählt von Staub und Straßenlärm in Berlin. Aber immerhin gäbe es da einen Berg, der wie eine grüne Oase „aus dem Stadtgedärm“ ragt. Dort, und nur dort, könne man ein wenig durchatmen. Bereits der umweltkritische Text war für DDR-Verhältnisse aufsehenerregend, nicht minder galt dies für den Gesang von Tamara Danz. Die Frontfrau von Silly interpretierte 1983 „Mont Klamott“ als glasklaren New-Wave-Song.

„Irrenhaus“
Der Titel findet sich auf der ersten LP von Keimzeit wieder; sie erschien 1990. Der Text scheint perfekt in die Wendezeit zu passen. Entstanden ist das Lied aber bereits fünf Jahre zuvor. „Irre ins Irrenhaus, die Schlauen ins Parlament. Selber schuld daran, wer die Zeichen der Zeit nicht erkennt“, singt die Band. Keimzeit konnte man zu DDR-Zeiten fast nur live erleben. 1988 war die Band erstmals im Radio zu hören.

„Als ich fortging“
Mancher Fan meint, in dem 1987 entstandenen Liebeslied von Karussell zahlreiche Anspielungen auf die gesellschaftlichen Verhältnisse zu erkennen. So könnte der Titel auf Ausreisewillige hinweisen. Auch Verse wie „Nichts ist von Dauer, wenn 's keiner recht will“ lassen sich als Anspielung verstehen. Das melancholische Lied lief als Filmmusik zu einer Folge von „Polizeiruf 110“.

„Langeweile“
Was für ein Text! Was für eine Ansage an die führenden Genossen der DDR! 1988 sang Pankow: „Zu lange gewartet. Zu lange gehofft. Zu lange die alten Männer verehrt.“ Zu Zeiten des immer lauter werdenden Rufs nach Glasnost und Perestroika setzte die Gruppe zudem auf Unterstützung vom großen Bruder. Sie ging gemeinsam mit der Kapelle der Sowjetischen Streitkräfte in Deutschland auf Tournee.

Yeah, Yeah, Yeah

1963 landeten die Beatles mit „She loves you" ihren ersten großen Hit. In dem Lied stimmen sie mehrfach ein „Yeah, Yeah, Yeah" an. Zwei Jahre später griff DDR-Machthaber Walter Ulbricht die Wortwiederholung in einer Rede auf. Allerdings geschah dies nicht aus Begeisterung fürs westliche Liedgut, sondern um ostdeutsche Musiker zu reglementieren.

Bereits ausgangs der 1950er Jahre war die Partei- und Staatsführung massiv gegen westliche Musik zu Felde gezogen. Im Radio und während Tanzveranstaltungen mussten fortan mindestens 60 Prozent der gespielten Titel „von hier" stammen. Ein sinnloses Unterfangen: Westdeutsche Sender waren nahezu überall in der DDR zu empfangen, und sie spielten nun mal zuhauf englische und amerikanische Titel. Wohl auch deshalb erklärte Walter Ulbricht 1959, es genüge nicht, gegen die „ekstatischen Gesänge eines Presley zu sprechen. Wir müssen etwas Besseres bieten." Ein erster Versuch, mit Besserem gegenzuhalten, war die Erfindung des Lipsi. Dieser Tanz sollte den Rock 'n' Roll und den Twist möglichst vollständig ersetzen.

Der Begeisterung der Jugendlichen für Rock 'n' Roll, Rockabilly und Beatmusik taten all die Reglementierungen wenig Abbruch. Hunderte sogenannter Gitarrengruppen gründeten sich zu Beginn der 1960er Jahre; nahezu alle spielten Beat. Allen voran die Butlers mit ihrem Chef Klaus Jentzsch (genannt Renft), das Diana Show Quartett von Achim Mentzel sowie die Sputniks.

Die Staatsgewalt reagierte erstaunlich liberal auf die Entwicklung. Schließlich gab Ulbricht 1963 sogar die Parole aus: „Welchen Takt die Jugend wählt, ist ihr überlassen. Hauptsache, sie bleibt taktvoll." Plötzlich waren sogar Fernsehauftritte eigener Beatgruppen möglich. Schallplatten mit ihren Hits durften produziert werden.

Nur zwei Jahre später kippte die Stimmung. Nun hieß es wieder, Musik nach westlichem Vorbild würde zum Verderb der sozialistischen Jugend führen. Im Herbst 1965 initiierte die SED-Führung ein Verbot der Beatmusik. „Ist es denn wirklich so, daß wir jeden Dreck, der vom Westen kommt, nu, kopieren müssen?", fragte Machthaber Walter Ulbricht auf einer Tagung, um selbst die Antwort zu geben. „Ich denke, Genossen, mit der Monotonie des Je-Je-Je, und wie das alles heißt, ja, sollte man doch Schluß machen." Hat er dies wirklich genau so gesagt? Ja! Der Originalton dieser unglaublich anmutenden Rede ist auf mehreren Internet-Plattformen abrufbar.

Zahlreiche Gruppen erhielten ein Auftrittsverbot. Im Falle der Butlers teilte der Rat der Stadt Leipzig zur Begründung mit: „Während Tausende junge Menschen unserer Stadt in der Volkskunstbewegung Freude, Erholung, Bildung und ästhetische Befriedigung suchen und finden, müssen wir feststellen, daß Ihre Gitarrengruppe der sozialistischen Laienkunst Schaden zufügt."

Die Fans der Butlers reagierten am 31. Oktober 1967 mit einer stillen Demonstration. Etwa 500 Menschen versammelten sich vor Leipzigs Neuen Rathaus auf dem Leuschnerplatz. Polizei und Stasi reagierten mit aller Härte gegen die angeblichen Gammler. Ein Wasserwerfer kam zum Einsatz. 267 Jugendliche wurden verhaftet. Etwa jeder Dritte von ihnen musste aus erzieherischen Gründen mehrere Wochen in einem Tagebau arbeiten.

Ab 1967 durfte der Butlers-Gründer Klaus Jentzsch wieder offiziell musizieren. Nach lediglich acht Jahren wurde die „Klaus Renft Combo" (kurz: Renft) erneut verboten.

Aha EXTRA

Der Sonderzug nach Pankow

Erich Honecker gab schon in seiner Jugend gern den Ton an. In den 1920er Jahren war er Trommler in einem Spielmannszug des Roten Frontkämpferbundes. Mehr als fünf Jahrzehnte später wurde seine musikalische Vergangenheit zum deutsch-deutschen Thema. Der Staatschef schenkte Udo Lindenberg eine Schalmei. Bahnte sich hier eine Männerfreundschaft an?

Alles begann ausgangs der 1970er Jahre. Udo Lindenberg, der in der Bundesrepublik längst ein Star war, wollte liebend gern auch vor ostdeutschen Fans ein Konzert geben. Das blieb ihm verwehrt; immerhin thematisierte Lindenberg sein Ansinnen aber ab und an öffentlich. Die von DDR-Behörden erstellte Abschrift eines entsprechenden Radio-Interviews wird im Bundesarchiv aufbewahrt. Auf dem Deckblatt befindet sich ein handschriftlicher Vermerk von Kurt Hager, dem Chefideologen der SED: „Auftritt in der DDR kommt nicht in Frage". Die Notiz datiert auf den 9. März 1979.
Die Jahre vergingen, irgendwie muss dem Panik-Rocker klargeworden sein, dass aus seinen Plänen nichts werden würde. In dieser Situation griff er zum naheliegendsten aller Mittel: Er besang seine Misere. Im Februar 1983 dudelte erstmals sein „Sonderzug nach Pankow" im Westradio.
Lindenberg spricht darin Erich Honecker, den er übrigens duzt, mehrfach als Honey an. „Und ich sag, ey, Honey, ich sing' für wenig Money im Republik-Palast, wenn ihr mich lasst." Nicht minder möchte der Sänger mit dem Staatsmann ein Fläschchen Cognac schlürfen. Schließlich sei Honecker ja auch ein Rocker, der sich heimlich die Lederjacke überziehe und Westradio höre – auf'm Klo. Das Lied war kaum veröffentlicht, da schrieb der Sänger dem Machthaber auch noch einen persönlichen Brief mit der Bitte: „Sieh das alles nicht so eng

und verkniffen, Genosse Honey, und gib dein Okey für meine DDR-Tournee."

Es passierte, was angesichts dieser provozierenden Verse in Ost wie West kaum jemand erwartet hätte. Die Jugendorganisation FDJ, deren Vorsitzender Honecker einst war, lud Udo Lindenberg ein, an seinem Sehnsuchtsort zu spielen, im Palast der Republik. Im Oktober 1983 war es soweit: Das Panikorchester hatte im Rahmen eines Konzerts unter dem Motto „Rock für den Frieden" einen Kurzauftritt. Doch Udo wäre nicht Udo gewesen, wenn er nicht auch Klartext gesprochen hätte. In einer eigens angelegten Stasi-Akte liest sich dies so: „Lindenberg nutzte den Auftritt, um von der Bühne des Palastes der Republik seinen Protest gegen die Stationierung sowjetischer Raketen in der DDR zu artikulieren." Deshalb habe die FDJ die Gespräche über eine mögliche Tournee durch die DDR abgebrochen.

Der Sänger gab dennoch nicht auf. 1987 schrieb er erneut an Erich Honecker; außerdem schickte er ihm eine Lederjacke. Während sich westliche Journalisten darüber mokierten, dass Lindenberg wieder mal nach Schlagzeilen giere, machte in der DDR die FDJ-Zeitung „Junge Welt" den Vorgang öffentlich. Sie druckte den Antwortbrief Honeckers vollständig ab. „Lieber Udo Lindenberg! Mit der Übersendung der Lederjacke haben Sie mir eine Überraschung bereitet, für die ich Ihnen danke. Natürlich ist das Äußere Geschmackssache, aber was die Jacke selbst betrifft, sie paßt. Wenn ich es recht verstehe, ist sie ein Symbol rockiger Musik für ein sinnvolles Leben der Jugend ohne Krieg und Kriegsgefahr, ohne Ausbildungsmisere und Arbeitslosigkeit, ohne Antikommunismus, Neofaschismus und Ausländerfeindlichkeit ..." Ausgangs seines Briefes schreibt Honecker: „Übrigens, da Sie gelegentlich auf meine musikalische Vergangenheit zu sprechen kommen, schicke ich Ihnen eine Schalmei. Viel Spaß beim Üben."

Trotz alledem: Seine Tournee durch die DDR konnte Udo Lindenberg erst nach dem Fall der Mauer starten.

Populärer Irrtum

Nicht von Pappe

Der Trabant hatte viele Spitznamen, aber keiner war so verbreitet wie Pappe. Der Name spielte auf das ungewöhnliche Material der Trabi-Karosserie an, obschon sie keineswegs aus Pappe bestand ...

Not macht erfinderisch – dies zeigte sich auch eingangs der 1950er Jahre im Automobilbau der DDR. Bis dahin bestanden Karosserien normalerweise aus einem Stahl- oder Holzgerippe, das mit hochwertigem Tiefziehblech verkleidet worden ist. Doch Stahl war in jenen Jahren rar. Notgedrungen experimentierten die Karosseriebauer mit alternativen Werkstoffen. Als besonders tragfähig sollte sich das sogenannte Duroplast erweisen, ein mit Baumwollvlies durchsetztes Kunstharz. Duroplast ist formstabil und resistent gegen Witterungseinflüsse. Solche Eigenschaften sind im Karosseriebau immer von Vorteil.

Bereits vor dem Weltkrieg hatten die Zwickauer DKW-Werke mit alternativen Karosseriematerialien experimentiert. 1954 entstand in der DDR der erste Prototyp eines mit Kunststoff beplankten Autos. Ein Jahr später begann die Serienproduktion des „P 70". Sein hölzernes Grundgerüst wurde mit Kunststoff verkleidet. 1958 folgten die ersten Trabis „P 50", nun mit Stahlgerippe und Duroplast-Verkleidung. An diesem grundsätzlichen Konstruktionsprinzip sollte sich während der nächsten drei Jahrzehnte nichts ändern.

Auch wenn seine Außenhaut aus Duroplast bestand, war der Trabant nicht vor Rost gefeit. Ob Radkästen oder Spritzwand, ob Bremsleitung oder Hohlräume, sie alle verlangten nach stets neuem Korrosionsschutz. Woher stammte dann aber der Spitzname „Pappe"? Er erklärt sich aus dem Anblick, den Trabis nach Unfällen boten. Bruchstellen im Duroplast sehen aus, als habe man Hartpappe auseinandergerissen.

Trotz alledem waren die DDR-Modelle nicht die ersten Serienfahrzeuge, die weltweit aus Kunststoff gefertigt worden sind. Bereits 1953 hatte Chevrolet den Sportwagen Corvette mit einer Karosserie aus Kunstharz (Fiberglas) versehen. Kunststoffe üben als Karosseriematerial bis heute großen Reiz auf Autohersteller aus, vor allem, wenn sie mit Kohlenstofffasern (Karbon) versetzt sind.

Zweites Leben: Ausrangierte Duroplast-Karosserien ließen sich dank ihres geringen Gewichts als Kajüte nachnutzen.

Chrom auf einer Pappe: Die Haubenzierleiste „Blitz" war ab 1961 für den Trabant „P 50" als Extra im Angebot.

Spitznamen des Trabi:
Pappe
Rennpappe
Duroplastbomber
überdachte Zündkerze
Gehhilfe

Aha EXTRA

Lieb und teuer

Trabant und Wartburg waren nicht einfach nur ostdeutsche Autos, sondern zugleich eine perfekte Wertanlage. Für Gebrauchtwagen blätterten Käufer oft mehr als den Neupreis hin.

Ab 8.500 Mark kostete der Trabant „P 601“ offiziell in den 1980er Jahren. Für einen Wartburg „353“ galt es rund 23.000 Mark aufzubringen. Wer seinen Neuwagen sofort weiterverkaufte, machte das Geschäft seines Lebens. Viele Käufer waren bereit, mehr als das Doppelte zu zahlen. Allerdings erfolgten solche Abmachungen stets unter der Hand. Die Verkäufer hatten keinerlei Interesse daran, den tatsächlich erzielten Preis im Kaufvertrag auszuweisen. Das ökonomische Phänomen erklärt sich aus der Mangelwirtschaft. Die Nachfrage nach Pkw überstieg bei weitem das Angebot. Wer einen Neuwagen vom volkseigenen IFA-Vertrieb zugeteilt bekommen wollte, musste dies nicht nur förmlich beantragen. Noch dazu dauerte es rund zehn Jahre, ehe man einen Trabi erhielt, um die 14 beim Wartburg. Allerdings ließ sich die Warterei abkürzen, etwa indem alle paar Jahre ein anderes Familienmitglied einen Neuwagen orderte. So kam es, dass auch Senioren, die überhaupt nicht Auto fahren konnten, neue Autos bestellten.
Selbst für Kraftwagen mit Totalschaden wurden hohe Preise gezahlt. Hauptsache, der Fahrzeugbrief war noch vorhanden. Er gestattete es, das schrottreife Auto von Grund auf neu aufzubauen und wieder in den Verkehr zu bringen. Angesichts der angespannten Ersatzteillage war dies jedoch ein kostspieliges Unterfangen. Auf Nöte wie diese reagierte der Volksmund, wie er in der DDR häufig reagierte – mit schwarzem Humor. Frage: Warum warten Millionen von Bürgern jahrelang auf einen Neuwagen? Antwort: Weil sie sich keinen Gebrauchtwagen leisten können.

Den Galgenhumor noch weiter trieb der Verfasser eines Flugblattes im Jahre 1988. Er meldete sich anlässlich der Premiere des mit einem Viertakt-Motor von VW ausgestatteten Wartburg zu Wort. Dessen Preisgestaltung hatte für erhebliche Irritationen unter der Bevölkerung besorgt. „Ich weiß überhaupt nicht, was Sie wollen", heißt es in dem Flugblatt. „Der Wartburg als 2-Takter hat rund 23.000 Mark gekostet. Als 4-Takter müsste er also – nach Adam Ries – 46.000 Mark kosten. Da er aber nur 30.000 Mark kostet, sparen Sie 16.000 Mark ein."

Lieb und teuer, das sollten Trabi und Wartburg den DDR-Bürgern schon bald überhaupt nicht mehr sein. In Wendezeiten erlangte der Trabant zwar noch kurzzeitig Kultstatus als Mauerbrecher. Doch angesichts all der plötzlich erreichbaren Westwagen rangierten Hunderttausende ihre einst heißbegehrten Fahrzeuge einfach aus.

Mehr als 3 Millionen Trabant sowie rund 1,7 Millionen Wartburg sind gebaut worden. Zu Beginn des Jahres 2019 waren in Deutschland nach 27.020 Trabi und 5.673 Wartburg für den Straßenverkehr zugelassen. Obwohl sie mittlerweile als Oldtimer gelten, sind sie nicht erneut zu Wertanlagen geworden. Aber es gibt sie, die berühmten Ausnahmen, etwa die Wartburg „311/2 Kabriolett" und „313 Sport". Hervorragend restaurierte Exemplare sind teurer als manch fabrikneuer Sportwagen.

Der „313 Sport" ist noch immer ein Traumwagen. Nur 469 Exemplare wurden bis 1960 gebaut.

Populärer Irrtum

Schöner fahren

Jenseits von Berlin und den Transitautobahnen bekamen DDR-Bürger nur selten ein Westauto zu sehen. Doch es irrt, wer meint, es habe keine Volvo, VW und BMW, keine Citroen, Peugeot und Mazda mit DDR-Zulassung gegeben.

Die Geschichte der Westautos in der DDR begann bereits viele Jahre vor dem Zweiten Weltkrieg. 1928 hatte der vormalige Flugmotorenhersteller BMW das Eisenacher Fahrzeugwerk übernommen. Schon bald rollten hier die überhaupt ersten BMW-Pkw vom Band. Nur wenige Monate nach Kriegsende wurden in Eisenach erneut BMW gebaut. Die Autos waren hauptsächlich als Reparationsleistung für die Sowjetunion vorgesehen. 1948 entwickelten die Eisenacher eine neue Baureihe, den BMW 340. Auch er führte das blau-weiße BMW-Logo. Dann aber, zu Beginn der 1950er Jahre, setzte die in München ansässige Firma BMW durch, dass Eisenacher Wagen nicht mehr ihren Namen führen durften. Aus BMW wurde EMW – und damit aus dem 340 auch dem Namen nach ein Ostauto.
In den 1970er Jahren begann die Staatsführung, ihren Fuhrpark mit repräsentativen Limousinen von Volvo, Citroen und Peugeot aufzuhübschen. Parallel dazu gelangten kleinere Sonderkontingente dieser Marken ins Land. Sie wurden an verdiente Genossen, an Wissenschaftler und an Künstler verteilt.
1978 importierte die DDR sage und schreibe 10.000 VW Golf im Rahmen eines Gegengeschäfts. Der Volkswagen-Konzern wurde mit Werkzeugmaschinen bezahlt, mit Reifen und Fahrzeugelektrik sowie mit einem Planetarium des VEB Carl Zeiss Jena. Zunächst sollte jeder Golf rund 35.000 Ostmark kosten. Der IFA-Vertrieb korrigierte den Preis um 10.000 Mark nach unten.
1981 schloss die DDR ein Handelsabkommen mit Japan. Es sah unter anderem den Import von 10.000 Mazda vor. Die Wagen der Baureihe 323 wurden für rund 25.000 Mark verkauft.

Aha

Das Kaffee-Vermächtnis

Kaffee ist nicht nur eines der wichtigsten Handelsgüter. In der DDR war er stets auch ein Politikum. Schließlich schickte sich das Land an, selbst riesige Plantagen zu errichten. Die DDR ging unter, doch ihr damaliger Partner wurde zum zweitgrößten Kaffeeproduzenten weltweit.

Alles begann 1976 mit einer Missernte in Brasilien. Im Folgejahr schnellten die Weltmarktpreise in die Höhe. Rohkaffee wurde in Dollar abgerechnet. Kaum mehr als 70 Millionen hätte die DDR üblicherweise für ihre Importe zahlen müssen. Nun sollten es 300 Millionen sein. Schon bald bekamen die Kaffeetrinker zwischen Erzgebirge und Ostsee die Auswirkungen der Krise zu spüren. Die bis dahin preiswerteste Sorte verschwand aus den Regalen. Dafür wurde ein Kaffee-Mix angeboten, der zur Hälfte aus Ersatzstoffen bestand. Auf der Suche nach einer bezahlbaren Import-Alternative besannen sich die Außenhändler eines sozialistischen Bruderlandes. Vietnam besaß nicht nur ein Hochland, sondern wies auch ein subtropisches Klima auf. Für den Kaffee-Anbau waren dies perfekte Bedingungen. 1980 schlossen beide Länder ein Regierungsabkommen über den Aufbau von Plantagen. Die DDR lieferte Maschinen und Fahrzeuge. Sie errichtete ein Kraftwerk und baute Siedlungen für 10.000 Arbeiter und deren Familien. Vietnam würde mit Kaffee bezahlen, 20 Jahre lang, immer mit der Hälfte der Ernte.
Die Kaffeepflanzen gediehen und gediehen. Doch als 1990 die erste Ernte bevorstand, nach dem Mauerfall also, wollten nur noch die wenigsten DDR-Bürger eigene Kaffeemarken kaufen. Die Kooperation hat Vietnam dennoch nicht geschadet. Das Land betrieb den Aufbau der Plantagen weiter und bietet seine Bohnen seither erfolgreich auf dem Weltmarkt an. Mittlerweile ist Vietnam der zweitgrößte Kaffeeproduzent auf Erden.

Aha

Die größte Briefmarke Deutschlands

Anlässlich ihres 15. Geburtstages bescherte sich die DDR selbst einen Rekord. 1964 gab die Deutsche Post einen Briefmarkenblock heraus, der auch mehr als 50 Jahre später noch immer die größte deutsche Briefmarke ist. Sie misst 210 x 285 Millimeter und ist somit nur minimal kleiner als ein A4-Blatt.

Der Block besteht aus 15 einzelnen Briefmarken, die vor dem Hintergrund einer stilisierten Landkarte der DDR zu sehen sind. Jede dieser Marken hat einen Nominalwert von 10 Pfennigen, was dem damaligen Porto einer Postkarte entsprach. Da all diese Marken jedoch ungezähnt sind, hätte man sie vor dem Verwenden mit einer Schere herausschneiden müssen.
Natürlich war diese besondere Briefmarkenausgabe genau dazu nicht gedacht. Wer partout solche Jubiläumsmarken verwenden wollte, erhielt sie einzeln sowie gezähnt am Postschalter. Der in einer Auflage von 1,2 Millionen gedruckte Block war für höhere Weihen bestimmt. Er sollte Sammlerherzen begeistern und zugleich als Werbeträger von den Vorzügen des Sozialismus künden. Entsprechend zeigen die 15 Motive ausnahmslos Erfolgsgeschichten von Werktätigen aus der DDR. Dazu gehören ein Schweißer vor der Kulisse einer Werft, eine Melkerin vor einer Milchviehanlage, eine Studentin mit Mikroskop in einem Hörsaal, ein Vermessungsingenieur im Braunkohlentagebau sowie eine Winterurlauberin in Thüringen.

Auferstanden aus Ruinen: Die Sonderausgabe zitiert die Nationalhymne.

Aha

10 Sternstunden im Sport

1. Dezember 1956
Der Boxer Wolfgang Behrendt gewinnt in Melbourne das erste Olympia-Gold für die DDR. 202 Goldmedaillen bei Olympischen Spielen folgen bis 1988. Bei Weltmeisterschaften gehen 768 Titel an die ostdeutsche Republik. Die DDR wird zu einer der erfolgreichsten Sportnationen der Welt.

30. August 1958
Gustav-Adolf Schur, genannt Täve, wird Weltmeister im Straßenradsport. Seit 1952 ist er bereits bei der Internationalen Friedensfahrt am Start, die er zwei Mal als Gesamtsieger beendet. Täve wird zum ersten Sport-Idol der DDR. Er gewinnt neun Mal die Wahl zum Sportler des Jahres.

22. und 25. Oktober 1968
Der Rückenschwimmer Roland Matthes deklassiert bei den Olympischen Spielen in Mexico über 100 und 200 Meter die Konkurrenz. Der Thüringer wiederholt seine Siege 1972 in München. 19 Weltrekorde und drei WM-Titel unterstreichen seine Dominanz in beiden Disziplinen.

8. Mai 1974
Im Finale des Europapokals der Pokalsieger stehen sich der 1. FC Magdeburg und der AC Mailand gegenüber. Die Italiener schießen ein Eigentor. Wolfgang Seguin erhöht zum Endstand von 2:0.

22. Juni 1974
Bei der Fußball-WM trifft die DDR in Hamburg auf den Gastgeber und späteren Weltmeister. Die DDR gewinnt durch ein Tor von Jürgen Sparwasser mit 1:0. Das Spiel blieb die überhaupt einzige Begegnung beider A-Nationalmannschaften. Der zum Nationalhelden verklärte Torschütze kehrt 1988 vom Gastspiel einer Altherrenmannschaft in Saarbrücken nicht in die DDR zurück.

6. bis 14. Februar 1976
Die Spiele von Innsbruck erleben zwei Triumphfahrten des vormaligen Speerwerfers Meinhard Nehmer. Im Eiskanal steuert er sowohl den Zweier- als auch den Viererbob zu Gold. Die DDR bleibt von nun an bis zu ihrem Ende die führende Nation im Bobsport. Weitere erfolgreiche Steuermänner sind Bernhard Germeshausen, Wolfgang Hoppe und Bernhard Lehmann.

31. Juli 1976
In Montreal stehen sich die Fußballmannschaften der DDR und Polens gegenüber. Das Spiel endet 3:1. Nie zuvor hatte eine deutsche Fußballmannschaft olympisches Gold gewonnen.

1. August 1980
Waldemar Cierpinski wiederholt bei den Olympischen Spielen in Moskau seinen Marathon-Sieg von 1976 in Montreal. Fernsehreporter Heinz-Florian Oertel ist außer sich vor Freude. Er jubelt live im Fernsehen: „Liebe junge Väter oder angehende, haben Sie Mut. Nennen Sie Ihre Neuankömmlinge des heutigen Tages ruhig Waldemar!"

6. Januar 1984
Zum Abschluss der Vierschanzentournee unterstreicht Jens Weißflog in Bischofshofen seine Ausnahmestellung. Er gewinnt das dritte Springen in Folge, jedes Mal mit Schanzenrekord. Auch das Auftaktspringen hatte mit Klaus Ostwald ein Sportler der DDR für sich entschieden. Weißflogs Gesamtsieg bei der Tournee folgt wenig später Olympiagold in Sarajevo. Die 1980er Jahre sind im Skispringen vor allem vom Zweikampf des Oberwiesenthalers mit dem Finnen Matti Nykänen geprägt. 1994 springt Weißflog erneut zu zwei Goldenen bei Olympischen Spielen.

27. Februar 1988
Carmen gegen Carmen – das Olympia-Finale im Eiskunstlauf ist an Dramatik kaum zu überbieten. Nach Pflicht und Kurzprogramm führt Debi Thomas (USA) vor Katarina Witt. Beide laufen in der Kür zu Musik aus Bizets Oper „Carmen". Aber die beste Kür liefert Elizabeth Manley (Kanada) ab. In der Gesamtwertung reicht es dennoch für Katarina Witt. Sie wiederholt ihren Olympiasieg von 1984.

Populärer Irrtum

Die Mär vom DDR-Brötchen

Ist ein Ostbrötchen wirklich nur ein Brötchen? Oder sehen wir in ihm nicht auch den wohlschmeckenden Beweis dafür, dass in der DDR nicht alles schlecht war? Man kann gern beide Fragen bejahen. Dennoch geht es bei diesem Thema nicht vordergründig um die regionale Herkunft.

In ihrem Drang, nahezu alles zu vereinheitlichen, was sich vereinheitlichen ließ, machte die Regierung selbst vor den Brötchen nicht halt. Zumindest deren Preis vermochte sie festzulegen. Ob Schrippe in Berlin, ob Brotl im Erzgebirge oder Semmel in Bautzen: Ein Brötchen kostete 5 Pfennige. Doch vom Einheitsbrötchen zu sprechen, verbietet sich von selbst. Wer's nicht glaubt, sollte einfach mal die DDR-Brötchen mehrerer Bäcker ausprobieren. Alsbald merken wir: Sie sehen nicht nur grundverschieden aus, sie schmecken meist auch anders. Es gibt nicht das eine Ostbrötchen; es gibt derer viele.
Das hat natürlich mit den Rezepten zu tun. Mehl und Hefe, Wasser und Salz benutzt jeder Bäcker. Manche setzen etwas Molke zu, andere Schmalz. Auch Zucker und mitunter Malz kommen in den Teig. Der wahre Unterschied zum Westbrötchen zeigt sich in der Herstellung. Ein klassischer Brötchenteig verlangt danach, mehrmals kühl geknetet zu werden und zwischendurch stundenlang zu gehen. Bäcker, denen dies zu aufwändig ist, wählen eine Abkürzung und setzen auf diverse Zusatzstoffe statt auf Handwerkskunst. Solche Brötchen sehen super aus, entpuppen sich aber allzuoft als aufgeplusterte Mogelpackung. Ganz anders das Naturprodukt à la DDR: Es ist kleiner und fester – und es ist ein Genuss.
Das Geheimnis der DDR-Brötchen ist und bleibt also ihre handwerkliche Herstellung nach uralter Tradition. Eigentlich sind dazu auch die Bäcker jenseits von Elbe und Werra in der Lage – wenn sie es denn wirklich wollen.

Aha EXTRA

Marken über Marken

Hunderte Markennamen gab es in der DDR. Nur die wenigsten haben sich nach 1990 dauerhaft in der Marktwirtschaft behaupten können. Erinnern Sie sich noch an ...

... AKA electric? Produkte dieser Dachmarke waren, so hieß es in der Werbung, „in jedem Haus zuhause“. Verschiedene Betriebe stellten elektrische Haushaltsgeräte wie den Mixer „RG28“, Rasierer wie den „bebo sher“ oder auch Küchenherde her.

... Aubi? Das Kürzel steht für Autofahrerbier. Es war allerdings nicht völlig alkoholfrei, sondern alkoholarm. Der Alkoholanteil lag bei rund 0,3 %.

... AWO? Heutzutage ist dies die gängige Abkürzung für Arbeiterwohlfahrt. Die AWO der DDR war ein Motorrad mit Viertakt-Motor, das nach BMW-Vorbild entwickelt worden war. Von 1950 bis 1961 wurde die AWO in Suhl gefertigt. Das Aus kam per Anordnung aus Berlin; künftig entstanden Motorräder nur noch in Zschopau – unter dem Namen MZ.

... Bino? „Geh doch mal ins Kino, da verfliegt die Wut. Koche mit Liebe, würze mit Bino! Hin und wieder tut ein DEFA-Lustspiel gut.“ So sang Manfred Krug 1962. Bino war nichts anderes als eine Suppenwürze, es gab sie in flüssiger Form und als Brühwürfel. Der Markenname ist eine Abkürzung des Herstellungsorts Bitterfeld-Nord.

... BSS 01? Zu Beginn der 1980er Jahre entstand die einzige Spielkonsole der DDR. Sie basierte auf einem importierten Schaltkreis des US-Herstellers General Instrument.

... C-Vitchen? Dem Brausepulver wurde Vitamin C zugesetzt. Das machte fit.

... Dürer, Rembrandt und Rubens? Wer in den 1950er Jahren ein Fernsehgerät erwarb, holte sich große Maler in die Wohnstube – und ziemlich kleine Bildschirme. Die Mattscheibe des Rembrandts war kleiner als ein A4-Blatt.

... Eterna? Das Label war die erste Marke des 1954 gegründeten VEB Deutsche Schallplatten Berlin. Eterna stand für klassische Musik. Unter dem Label Amiga wurde Unterhaltungsmusik angeboten, Litera stand für Hörspiele. Auch Nova (neue Musik), Aurora (Arbeiterlieder) und Schola (Aufnahmen für Schulzwecke) gab es als Marken.

... Fay und Fewa? Hausfrauen wissen es sofort. Es geht um Feinwaschmittel in Pulverform. Fewa gab es in den 1980er Jahren auch flüssig.

... HBM 250 Multimax? Die Handbohrmaschine besaß mehrere Aufsätze, etwa eine Heckenschere und eine Handkreissäge.

... im nu? Im nu, also recht schnell, war eine Tasse des Malzkaffees zubereitet. Auf der Dose stand das monströse, gleichwohl zutreffende Wort „Kaffee-Ersatz-Extrakt-Pulver“.

... Juwel? Die in der DDR hergestellten Filterzigaretten wurden auch „Alte“ genannt. Das unterschied sie von den „Juwel 72“, welche aus Bulgarien stammten. Auch ein klarer Schnaps wurde als Juwel verkauft.

... KIM-Eier? Hühnereier, produziert vom Kombinat Industrielle Mast.

... Liliput? Das dreirädrige Gefährt ließ Kinderherzen höherschlagen. Es war eine Kreuzung aus Fahrrad und Tretauto.

... Malimo? Der Name ist eine komplexe Abkürzung für den Erfinder Heinrich Mauersberger aus Limbach-Oberfrohna sowie für die Stoffqualität Molton. Das textile Material wurde bereits 1949 patentiert und sollte universell eingesetzt werden, auch für modische Kleidung. Letztlich setzte sich Malimo für Gebrauchstextilien durch, etwa für Hand- und Geschirrtücher.

... Minol? Wer tanken wollte, musste unweigerlich eine volkseigene Minol-Tankstelle anfahren. Mehr als 1.200 gab es in der DDR. Die Figur des Minol-Pirols war eine der bekanntesten des Werbefernsehens. Der Vogel gab unter anderem Tipps zum sparsamen Fahren.

... Pouva? Die einfache sowie preiswerte Pouva Start war ein Fotoapparat für Einsteiger. Als Pouva Magica wurde über Jahrzehnte ein Projektor für Diafilme produziert. Pouva ist der Name des Firmengründers aus Freital.

... QEK Junior? Der einachsige Wohnwagen wurde zwischen 1974 und 1990 gebaut. Gedacht war er für Familien. Er erfreut sich noch immer großer Beliebtheit, wird aber eher von Alleinreisenden und Paaren genutzt.

... RFT? Unter diesem Warenzeichen produzierten diverse Hersteller vor allem Fernseher und Radios sowie Kassettenrekorder und Plattenspieler.

... Rotplombe? Im Umfeld der Erfurter Fabrik roch es oft verführerisch nach Vanille und anderen Aromen. Kein Wunder: Rotplombe war eine Marke für Puddingpulver und andere Süßspeisen.

... Sonja? Die Margarine basierte auf Sonnenblumenöl.

... Tempolinsen? Diese Linsen waren vorbehandelt und konnten in 10 Minuten verzehrbereit gekocht werden. Auch Erbsen und Bohnen wurden als Tempo angeboten.

... WM 66? Die Waschmaschine wurde ab 1966 hergestellt. Sie verfügte über keinen Wasseranschluss, so dass sie manuell befüllt werden musste. Das tat ihrer Beliebtheit aber kaum Abbruch. Zum einen war sie zu ihrer Zeit modern, zum anderen erwies sich die WM 66 als sehr robust. Mitunter wurde sie sogar benutzt, um Obst und Gemüse einzukochen.

... ZT 300? Der Traktor wurde ausgangs der 1960er Jahre zum Standardfahrzeug der Landwirtschaft. Die ersten Modelle leisteten 90 PS, später wurden es sogar 100.

Aha

Mach's mit

Private Kleinanzeigen gab es in der DDR millionenfach. Die allermeisten fielen gleich nach dem Lesen wieder dem Vergessen anheim. Doch eine Annonce ragte heraus: die des Familienunternehmens Kästner aus Dresden.

Werbung für Kondome ist heutzutage allgegenwärtig. Entlang der Straßen klären Großplakate über gesundheitliche Risken des ungeschützten Verkehrs auf. Im Fernsehen wiederum flimmern ab und Werbespots, die den Kauf von Kondomen als größte Selbstverständlichkeit darstellen. „Mach's mit!", lautet die stets gleiche Botschaft.

Noch vor einigen Jahrzehnten war es alles andere als ein unverkrampfter Akt, Kondome zu kaufen – nicht nur, aber eben auch in der DDR. Wie gut, dass es da den Versandhandel von Hans Kästner gab. „Spesenfrei und diskrete Nachnahme", so versprach es das Familienunternehmen in seinen kleinformatigen Anzeigen, würde der Gummischutz versandt. Wer wollte, konnte die Großpackung ordern: Drei Dutzend feuchte Präservative kosteten 24 Mark.

Kästners Vater hatte 1899 in Dresden eine Drogerie eröffnet. Bereits er setzte auf den Versandhandel, allerdings mit Tee. Nach dem Zweiten Weltkrieg stieg der Sohn des Firmengründers auf Kondome um. Um seine Kunden wirklich diskret beliefern zu können, besann sich Hans Kästner einer List. Als Absender gab er nicht die Firmenadresse an, sondern die privaten Anschriften seiner Mitarbeiterinnen.

Anlässlich des 75. Firmenjubiläums annoncierte Kästner, dass bereits zwei Millionen Sendungen die Firma verlassen hätten. An Spitzentagen wurden bis zu 200 DDR-Bürger beliefert.

Hans Kästner starb 1985; eine Mitarbeiterin führte den Versand weiter. Mit der Wende kam das Aus für das bis dahin exklusive Geschäftsmodell.

Populärer Irrtum

Exklusiv für Schülerinnen

Erst im Juli 1990 wurde die Errichtung von Privatschulen in der DDR gesetzlich zugelassen. Fragt man einstige DDR-Bürger, ob es zuvor solche Schulen gab, erntet man fast immer ein Kopfschütteln.

Im Mai/Juni 1946 gaben sich die ostdeutschen Länder ein gleichlautendes „Gesetz zur Demokratisierung der deutschen Schulen". In sieben Paragrafen definierte es die Aufgaben der nächsten Jahre. Tatsächlich stand das Schulsystem der sowjetischen Besatzungszone vor immensen Herausforderungen. Tausende Neulehrer galt es zu finden und zu qualifizieren. Das Schaffen einheitlicher Lehrpläne gehörte ebenso zu den erklärten Zielen wie das Abschaffen von Bildungsprivilegien. „Die schulische Erziehung der Jugend ist ausschließlich Angelegenheit des Staats", hieß es in §2. Das bedeutete aber auch: Privatschulen werden nicht zugelassen.

In Berlin hatte jedoch schon am 1. Juni 1945 die katholische Theresienschule ihren Lehrbetrieb wieder aufgenommen. Noch dazu galt ein im Februar 1946 gefasster Beschluss der Alliierten Stadtkommandanten von Berlin: Bereits eröffnete Privatschulen dürfen weiter unterrichten. Damit war der Fortbestand der Theresienschule formal gesichert.

Das Mädchen-Gymnasium war 1894 gegründet worden. 1936 hatten die Nazis dessen schrittweise Schließung verfügt. 1949 legten erstmals nach dem Krieg wieder Schülerinnen das Abitur ab. Fortan sah sich die Schule immer mal wieder vom Aus bedroht. Letztlich konnte sie sich auch deshalb in der DDR behaupten, weil sie 1958 einen Unterrichtstag in der Produktion (UTP) einführte sowie 1962 die Berufsausbildung mit Abitur. Dennoch reagierte die Staatsgewalt mit Druck. Ab 1972 durften nur noch zehn Schülerinnen pro Jahr neu aufgenommen werden.

Das Gymnasium besteht noch immer. Seit 1991 nimmt es auch Jungen auf.

Aha EXTRA

Das Klugscheißer-Quiz

1. Wer wurde als lila Kuh bezeichnet?

2. „Mutti meint auch: Büstenhalter aus Porylestermethophiloxydolithenporphir halten, was sie versprechen." Hat es eine derart formulierte Werbung wirklich gegeben?

3. Warum existierte in der DDR kein 1000-Mark-Schein?

4. Wer war nach offizieller Lesart der größte Held der DDR?

5. Wer nannte sich Clemens Kerber?

6. Was taten clevere DDR-Bürger angesichts einer Schlange?

7. Dienten in den bewaffneten Organen der DDR tatsächlich Generale der Wehrmacht?

8. Welcher Titel ist das populärste Liebeslied der DDR?

9. Was verstand der DDR-Bürger unter Erichs Krönung?

10. Welches Gebäude nannte man Tränenpalast?

Auflösung

1. Gemeint war natürlich nicht die lila Kuh aus der westdeutschen Schokoladenwerbung, sondern die mächtigste und meistgehasste Frau der DDR. Margot Honecker war die dritte Gattin des SED- und Staatschefs. Die Ministerin für Volksbildung trug jahrelang eine Frisur, bei der eine Haarpartie lila getönt war. Wer sie als lila Kuh verspottete, tat dies freilich nicht in aller Öffentlichkeit.

2. Ja. Allerdings handelt es sich nicht um eine reale Reklame, sondern um Satire. Der „Eulenspiegel" veröffentlichte 1971 ein Bild, auf dem ein Knabe stolz den BH seiner Mutti vorzeigt und dessen Vorzüge preist. Das Bild nahm die damalige Langweiligkeit der Werbung aufs Korn. Vier Jahre später wurde die Produktreklame in der DDR komplett eingestellt. Offiziell hieß es zur Begründung, für Werbung bestehe kein besonderes volkswirtschaftliches Erfordernis.

3. Diese Frage ist zugegebenermaßen gemein. Denn einen Tausender gab es tatsächlich. 1948 war in der Sowjetischen Besatzungszone eine Banknote zu 1000 Deutsche Mark herausgegeben worden. Bereits 1957 wurde dieser Schein wieder aus dem Zahlungsverkehr gezogen; fortan war der 100er die größte Note. Erst nach der Wende wurde bekannt, dass die Staatsbank mehrere Milliarden in Form von 200- und 500-Mark-Scheinen in ihren Tresoren gelagert hatte. Sie kamen jedoch nie in Umlauf und waren damit auch kein gesetzliches Zahlungsmittel. Die Hintergründe ihrer Herstellung und des Nicht-in-den-Verkehr-Bringens geben seither Anlass für teils abenteuerliche Theorien.

4. Sofern wir als Maßstab die Verleihung des höchsten Ehrentitels anlegen – des „Helden der DDR" – ist die Antwort eindeutig. Der wahre Held heißt Leonid Iljitsch Breschnew. Der sowjetische Partei- und Staatschef wurde drei Mal als Held der DDR geehrt. Außer ihm erhielten zehn weitere Personen den Helden-Titel.

5. Clemens Kerber schrieb unter anderem diesen Liedanfang: „Als der Opa von uns ging im Jahre Neunzehnhundertacht, da hat er zum letzten Mal den Super-Walzen-Ragtimekasten-Deckel zugemacht". Haben Sie diese Zeilen noch im Ohr, vor allem aber die unverkennbare Stimme ihres Sängers? Kerber war der Texter jener deutschsprachigen Lieder, die Manfred Krug darbot. Tatsächlich verbarg sich der Schauspieler selbst hinter diesem Pseudonym. Krug hatte in den frühen 1960er Jahren vor allem Jazz gesungen, ehe er auch Schlager und Chansons für sich entdeckte. Bis zu seiner Übersiedlung in die BRD nahm er gemeinsam mit dem Komponisten Günther Fischer und dessen Band mehrere Schallplatten auf.

6. Bloß nicht weglaufen! Lieber anstellen, sozusagen vorsorglich. Fragen, was es hier eigentlich zu kaufen gibt, konnte man die anderen Wartenden danach immer noch. Normalerweise gab es Waren, die schwer zu erhalten waren. Zum Beispiel Bananen. Oder Lizenz-Schallplatten. Oder Autoreifen. Solche Produkte wurden auch Bückware genannt. Verkäufer hielten sie unterm Ladentisch zurück und gaben sie bevorzugt an Bekannte ab. Um diese Waren hervorzuholen, musste man sich sprichwörtlich bücken.

7. Am 1. Oktober 1952 wurden erstmals Generale der Kasernierten Volkspolizei ernannt, unter ihnen befanden sich fünf vormalige Wehrmachtsgenerale. Ein sechster wurde zwei Monate später berufen. Zwei weitere Generalmajore der Wehrmacht dienten in der Volkspolizei als Chefinspekteure, was ihrem vorherigen Rang entsprach. Mehrere dieser Generale waren bei Stalingrad in sowjetische Gefangenschaft geraten und arbeiteten im Nationalkomitee Freies Deutschland mit. Unter ihnen befand sich der Panzer-Kommandeur Arno von Lenski. Vor seinem Seitenwechsel war er mit dem „Deutschen Kreuz in Gold" dekoriert worden. In der DDR erhielt er 1958 die „Medaille für Kämpfer gegen den Faschismus".

8. Stellen wir uns vor, wir treffen unsere Jugendliebe wieder. Und alles ist wie früher ... Wir erinnern uns an eine Zeit, als wir nicht mal 15 Jahr alt waren. Damals, als er große Worte sprach und sie ihm alles glauben wollte. „Lachen trägt die Zeit", singt Ute Freudenberg, „die unvergessen bleibt". 1980 stürmte die Weimarerin mit „Jugendliebe" die Hitparaden. Alles begann 1971 in einem Ferienlager nahe Sondershausen. Dort wurden die Gesangstalente der Ute Freudenberg entdeckt. In jenem Sommer war sie wirklich 15 Jahr. Vor allem dank „Jugendliebe" wurde Ute Freudenberg zur beliebtesten Schlagersängerin der DDR; sie gewann vier Mal die entsprechende Publikumswahl.

9. Natürlich kann man unter Erichs Krönung die 1971 erfolgte Machtübernahme durch Honecker verstehen. Gemeint ist sie dennoch nicht. Der Lösung kommt näher, wer an eine westdeutsche Kaffeesorte denkt, an Jacobs Krönung. Es geht also um Kaffee, besser gesagt: um Kaffee-Ersatz. Angesichts der weltweiten Kaffee-Krise von 1976/77 stellte die DDR den Verkauf des bisher preisgünstigsten Bohnenkaffees ein. 125 Gramm der Sorte Kosta hatten 7,50 Mark gekostet. Stattdessen kam „Kaffee Mix" in den Handel, ein laut Packung „filterfertig gemahlener Mischkaffee". In Bohnenform hätte man diesen Mix niemals anbieten können: Er bestand zur Hälfte aus Erbsen und Getreide. Kostenpunkt: 4 Mark für 125 Gramm. Natürlich schmeckte das Gebräu den allermeisten Kaffeetrinkern nicht. Prompt erhielt die neue Sorte einen Spitznamen: Erichs Krönung.

10. Der S-Bahnhof Berlin-Friedrichstraße. Zu ihm gehörte ein besonders häufig genutzter Grenzübergang zwischen Ost- und Westberlin. Hier konnten DDR-Bürger ihre Besucher verabschieden. Ihnen selbst war es zumeist nicht möglich, in die andere Hälfte der Stadt zu reisen. Somit gab es wenigstens zwei Gründe, Tränen fließen zu lassen.

Aha EXTRA

Die DDR. Eine Zeitreise

1945 Die „Gruppe Ulbricht“ trifft aus Moskau kommend in Berlin ein. Sie besteht aus Funktionären der KPD sowie ehemaligen Kriegsgefangenen mit antifaschistischer Gesinnung. Sie sollen unter Führung von Walter Ulbricht die sowjetische Militäradministration beim Wiederaufbau unterstützen. Schon Anfang Mai werden erste Posten besetzt. Der ehemalige Ritterkreuzträger Paul Markgraf wird zum Polizeipräsidenten Berlins.

Ab 10. Juni ist es in der Sowjetzone erlaubt, Parteien zu gründen. KPD, SPD, CDU und LDP entstehen. Sie arbeiten in der Vereinigung „Demokratischer Block“ zusammen.

Die Bodenreform beginnt; sie zieht sich bis 1948 hin. Wer mehr als 100 Hektar Land besitzt, wird zugunsten von Neubauern enteignet. Die neuen Betriebsgrößen liegen um die 10 Hektar.

1946 KPD und SPD vereinen sich zur SED (Sozialistische Einheitspartei Deutschlands). Wilhelm Pieck (KPD) und Otto Grotewohl (SPD) übernehmen den Vorsitz.

1947 Am 24. Februar lässt ein sowjetischer General die Rüstkammer der Wartburg verladen. Etwa 100 mittelalterliche Harnische sowie 800 Waffen, Fahnen und Schilde verschwinden auf Nimmerwiedersehen. Bereits 1945 hatten Trophäenbrigaden damit begonnen, systematisch Kulturschätze zu beschlagnahmen. Sie sollen Verluste kompensieren, die die Sowjetunion durch Deutschland erlitten hat.

1948 In den drei westlichen Besatzungszonen erfolgt am 20./21. Juni eine Währungsreform. Die DM ersetzt die Reichsmark. Als die DM drei Tage später auch in Westberlin eingeführt wird, verhängen die Sowjets die legendäre Berlin-Blockade. Zudem ziehen sie die bereits seit längerem geplante, eigene Währungsreform vor. Auch in der Sowjetzone gibt es fortan DM – mit dem Zusatz „der Deutschen Notenbank". Da anfangs im Osten allerdings noch keine neuen Scheine vorrätig sind, werden die alten Reichsmark-Noten mit Aufklebern versehen.

1949 Am 23. Mai gründet sich die Bundesrepublik Deutschland, am 7. Oktober die Deutsche Demokratische Republik. Wilhelm Pieck wird Präsident der DDR. Otto Grotewohl übernimmt das Amt des Ministerpräsidenten, einer seiner drei Stellvertreter ist Walter Ulbricht. Letzterer ist spätestens ab 1950 der wahre Machthaber, als er zum Generalsekretär der SED aufsteigt.

1950 Der Aufbau des Eisenhüttenkombinat Ost beginnt. Parallel dazu entsteht als Wohnstadt für die bis zu 16.000 Beschäftigten die erste sozialistische Stadt auf deutschem Boden. Sie erhält 1953 den Namen Stalinstadt. Acht Jahre später fusionieren Stalinstadt und das angrenzende Fürstenberg zu Eisenhüttenstadt.

1951 Erstmals gilt ein Fünfjahresplan für die Volkswirtschaft.

1952 Walter Ulbricht verkündet auf einer SED-Konferenz: „Die politischen und die ökonomischen Bedingungen sowie das Bewußtsein der Arbeiterklasse und der Mehrheit der Werktätigen sind so weit entwickelt, daß der Aufbau des Sozialismus zur grundlegenden Aufgabe der DDR geworden ist." Nahezu alle Bereiche des öffentlichen Lebens werden von nun an umgebaut. Immer mehr Volkseigene Betriebe (VEB) entstehen, die Kollektivierung der Landwirtschaft beginnt. Die Justiz wird neu strukturiert und der Aufbau einer Volksarmee beschlossen. Das alles schließt parteiinterne Säuberungen ebenso ein wie ein strafrechtliches Vorgehen gegen sogenannte Klassenfeinde.

1953 An der Ostsee startet im Februar die Aktion Rose. Auf Basis des erst kurz zuvor erlassenen Gesetzes zum Schutze des Volkseigentums und anderen gesellschaftlichen Eigentums werden 440 private Hotels, Restaurants und Pensionen verstaatlicht. Die meisten der bisherigen Besitzer kommen vor Gericht, etwa wegen Devisenvergehen und Hortens von Lebensmitteln.

Im Mai beschließt das Zentralkomitee der SED eine Erhöhung der Arbeitsnormen um 10 Prozent. Am 16. Juni streiken daraufhin Berliner Bauarbeiter. Am 17. Juni bricht landesweit der Aufstand aus. Die sowjetischen Besatzungstruppen verhängen das Kriegsrecht und befrieden insbesondere durch den Einsatz von Panzern die Situation binnen eines Tages.

Die erste Ausgabe der „Frösi“ (Fröhlich sein und singen) erscheint. Die Zeitschrift richtet sich an Kinder und Jugendliche. 1955 folgt mit der „Atze“ ein Heftchen, das kurze Bildergeschichten beinhaltet. Zu den Hauptthelden gehören die Mäuse Fix und Fax. Weihnachten 1955 startet der Verkauf des ersten „Mosaik“.

1954 Die Sowjetunion erklärt am 25. März einseitig die Souveränität der DDR. Der dazugehörige Staatsvertrag wird am 20. September 1955 unterzeichnet. Damit enden die hoheitlichen Befugnisse Moskaus.

1955 Die sowjetische Regierung kündigt eine Geste der Freundschaft an. Der Großteil der Beutekunst wird bis 1958 an DDR-Museen zurück-

Auch sie kehrten zurück: das „Schokoladenmädchen“ von Liotard, der Kopf einer ägyptischen Prinzessin und Dürers „Bildnis eines jungen Mannes“

gegeben, es handelt sich um 1,5 Millionen Positionen. Darunter befinden sich der Pergamon-Altar (Berlin) sowie Werke der Gemäldegalerie Alte Meister (Dresden). Die Deutsche Post der DDR stellt einige dieser Kunstschätze auf Briefmarken vor.

1956 Aus der Kasernierten Volkspolizei geht die Nationale Volksarmee (NVA) hervor. Mitglied des Militärbündnisses „Warschauer Vertrag" war die DDR bereits im Jahr zuvor geworden.

1957 Der Trabi nimmt Fahrt auf. Zunächst wird eine Kleinserie von 50 Autos gebaut. Im Folgejahr läuft die Serienproduktion an. Das erste Modell heißt „P 50". Im Volksmund ist vom Fünfhunderter die Rede. Das spielt auf seinen Hubraum von knapp 500 Kubikzentimetern an, tatsächlich sind es 499.

1960 Erstmals läuft im Fernsehen „Der schwarze Kanal". Moderator ist Karl-Eduard von Schnitzler. Er kommentiert scharfzüngig westliche Fernsehbeiträge. 1519 Folgen entstehen bis zum Ende der DDR. Teils treten auch andere Kommentatoren vor die Kamera.

Mit dem Tod von Wilhelm Pieck wird das Amt des Präsidenten der DDR abgeschafft. Stattdessen gibt es ab sofort einen kollektiven Staatsrat. Walter Ulbricht übernimmt den Vorsitz.

1961 Der Kalte Krieg drückt der Eishockey-Weltmeisterschaft in der Schweiz seinen Stempel auf. Am 12. März sollen die beiden deutschen Mannschaften gegeneinander spielen. Die Westdeutschen treten nicht an, da sie im Falle einer eigenen Niederlage das anschließende Hissen der DDR-Flagge und das Spielen der DDR-Hymne nicht hinnehmen möchten. Das Spiel wird daraufhin 5:0 für die DDR gewertet. Zwei Jahre zuvor, beim ersten Aufeinandertreffen beider Teams während einer WM, hatte die DDR 0:8 verloren.

Am 13. August beginnt der Mauerbau in Berlin. Verantwortlich für die Umsetzung ist Erich Honecker als der für Sicherheitsfragen zuständige SED-Sekretär.

1964 Der Ministerrat erlaubt DDR-Bürgern drei Jahre nach dem Mauerbau erstmals wieder private Westreisen. Rentner dürfen einmal jährlich für bis zu vier Wochen ihre Verwandten in Westberlin und der BRD besuchen. Das Renteneintrittsalter liegt für Frauen bei 60 Jahren, für Männer bei 65.

1965 Am 3. Dezember fällt im Haus der Ministerien ein Schuss. Erich Apel, der stellvertretende Ministerpräsident und Vorsitzende der Staatlichen Plankommission, nimmt sich am Schreibtisch das Leben. Er erhält ein Staatsbegräbnis. Sein Tod wird im „Neuen Deutschland" als Folge eines Nervenzusammenbruchs dargestellt. Tatsächlich hatte sich Apel für die radikalste Form des Protests entschieden. An jenem Tag sollte er ein Handelsabkommen mit der Sowjetunion unterzeichnen. Es sieht Lieferungen hochwertiger DDR-Produkte vor – zu Preisen, die unter dem Weltmarktniveau liegen. Zugleich soll die DDR für Importe aus der UdSSR überdurchschnittlich zahlen. Apel hatte im obersten Machtzirkel immer wieder dafür geworben, das ideologische Denken durch ein ökonomisches zu ersetzen und mit Moskau hart zu verhandeln. Vergebens.

1967 In Langenweddingen (bei Magdeburg) stoßen ein Tanklaster und ein Reisezug an einem Bahnübergang zusammen. 94 Menschen sterben. Unter den Opfern sind 44 Kinder, die unterwegs zu einem Ferienlager waren.

1969 Der Wartburg 353 erhält einen verbesserten Motor – mit immerhin 50 statt der bisher 45 PS. Allerdings zieht der Wagen weiterhin die typischen Abgaswolken hinter sich her. Geschuldet ist's dem Konstruktionsprinzip des Zweitaktmotors. Dem Benzin muss Öl beigemischt werden.

1970 Vor dem Hotel Erfurter Hof skandieren Hunderte Bürger den Ruf „Willy, Willy!" – um ihn, da er missverständlich ist, sogleich zu präzisieren. Nun hallt es „Willy Brandt ans Fenster!" über den Erfurter Bahnhofsvorplatz. Tatsächlich zeigt sich der Bundeskanzler. Er und DDR-Ministerpräsident Willi Stoph hatten sich an diesem 19. März

Seit 2009 erinnert eine Leuchtschrift auf dem „Erfurter Hof" an die Willy-Rufe.

zum ersten deutsch-deutschen Gipfel getroffen. Von nun an dauert es noch mehr als zwei Jahre, bis beide Staaten den Grundlagenvertrag unterzeichnen.

1971 Erich Honecker löst Walter Ulbricht handstreichartig als SED-Chef ab. Vorausgegangen waren Geheimabsprachen mit KPdSU-Chef Leonid Breschnew. Ulbricht durfte bis zu seinem Tod 1973 Vorsitzender des Staatsrats bleiben, war aber machtpolitisch kaltgestellt.

1972 Bei den Olympischen Winterspielen in Sapporo tritt die DDR erstmals unter eigener Flagge an. Bei den Sommerspielen von München wird die Staatsfahne bei Siegerehrungen 66 Mal gehisst, darunter 20 Mal für Olympiasiege.

1978 Sigmund Jähn fliegt mit dem Raumschiff Sojus 31 für fast acht Tage ins All – als erster Deutscher. An Bord der Raumstation Saljut 6 nimmt er mit drei sowjetischen Kosmonauten wissenschaftliche Experimente vor. Auch die vom VEB Carl-Zeiss entwickelte Multispektralkamera MKF6 kommt zum Einsatz. Sie dient der Fernerkundung der Erde.

1982 Die Sowjetunion stationiert mobile Kurzstreckenraketen vom Typ Totschka in der DDR. Im Westen nennt man diese Waffe auch SS-21.

1983 In einem Geheimpapier beschreibt der Erste Stellvertretende Vorsitzende des Ministerrats Werner Krolikowski die ökonomische Lage der DDR. Darin heißt es: „Es muß mit aller Deutlichkeit signalisiert werden, daß die Zahlungsfähigkeit der DDR in Gefahr ist ... Praktisch arbeitet das PB (Politbüro der SED) unter dem Druck von EH (Erich Honecker), dessen Alleinmeinung in allen Fragen und Belangen durchgesetzt wird. Die Mehrheit der Mitglieder und Kandidaten des PB redet ihm zu Munde ... Die preußische Disziplin und Liebedienerei feiert im PB jeden Tag neue Triumphe."

Der bayerische Ministerpräsident Franz Josef Strauß (CSU) vermittelt der DDR einen Kredit über 1 Milliarde DM, für den die Bundesregierung von Kanzler Helmut Kohl (CDU) bürgt. Im Gegenzug bietet die DDR an, Selbstschussanlagen an der Grenze abzubauen. Auch Übersiedlungen in den Westen sollen erleichtert werden. Details besprechen Honecker und Strauß persönlich im Gästehaus der DDR-Regierung am Werbellinsee. Ein Jahr später bürgt die Bundesregierung erneut für die DDR, nun geht es um 950 Millionen DM.

1987 Mit Kurt Hager gibt der Chefideologe der SED dem bundesdeutschen Magazin „Stern" ein Interview. Das „Neue Deutschland" druckt es ebenfalls. Die westdeutschen Journalisten interessiert, inwieweit die von Michael Gorbatschow in der Sowjetunion propagierte Umgestaltung (Perestroika) ein Vorbild für die DDR ist. Hager antwortet unter anderem: „Würden Sie, nebenbei gesagt, wenn Ihr Nachbar seine Wohnung neu tapeziert, sich verpflichtet fühlen, Ihre Wohnung ebenfalls neu zu tapezieren?"

Im September weilt Erich Honecker zu einer viertägigen Staatsvisite in der Bundesrepublik. Er besucht Neunkirchen im Saarland, wo er vor 75 Jahren geboren wurde. Bereits 1983 hatte Werner Krolikowski in seinem Geheimpapier (siehe oben) moniert, dass Honecker große Gefühle für seine alte Heimat hegt: „Es ist eben ein Paradoxum, daß ein eingefleischter Westdeutscher an der Spitze der DDR steht."

1988 Im November untersagt die DDR-Führung den Verkauf der sowjetischen Zeitschrift „Sputnik". Auslöser ist ein Beitrag über den Hitler-Stalin-Pakt von 1939, welcher in der DDR als Tabu-Thema gilt.

1989 2. Mai: Ungarn öffnet die Grenze zu Österreich: Tausende DDR-Bürger nutzen fortan diesen Weg zur Flucht.
7. Mai: Bei den Kommunalwahlen weisen Bürgerrechtler massiven Wahlbetrug nach.
7. Juli: Erich Honecker erleidet Gallenkoliken. Im August werden ihm die Gallenblase und ein Teil des Darms entfernt werden. Krebs wird festgestellt.
4. September: In Leipzig findet die erste Montagsdemonstration statt.
30. September: Der bundesdeutsche Außenminister verkündet vor Tausenden geflüchteten DDR-Bürgern in der Prager Botschaft, dass sie ausreisen dürfen. Als sie am 4. Oktober mit Sonderzügen über DDR-Gebiet in die BRD fahren, kommt es am Dresdener Hauptbahnhof zu massiven Krawallen.
18. Oktober: Erich Honecker wird vom Politbüro der SED zum Rücktritt von allen Ämtern gezwungen. Der als Kronprinz geltende Egon Krenz übernimmt, kann sich aber nur bis zum 3. Dezember halten.
4. November: In Berlin demonstrieren etwa 1.000.000 Bürger.
9. November: Die Mauer fällt.

1990 18. März: Die Allianz für Deutschland, die für eine baldige Wiedervereinigung eintritt, gewinnt die Volkskammerwahlen. Lothar de Maizière (CDU) wird Ministerpräsident.
1. Juli: Die Währungs-, Wirtschafts- und Sozialunion beider deutscher Staaten tritt in Kraft. Die DM wird zum gesetzlichen Zahlungsmittel. Bundeskanzler Helmut Kohl sagt in einer Fernsehansprache: „Durch eine gemeinsame Anstrengung wird es uns gelingen, Mecklenburg-Vorpommern und Sachsen-Anhalt, Brandenburg, Sachsen und Thüringen schon bald wieder in blühende Landschaften zu verwandeln, in denen es sich zu leben und zu arbeiten lohnt."
3. Oktober: Die fünf ostdeutschen Länder sowie das mit Landesbefugnissen ausgestattete Ostberlin treten der Bundesrepublik Deutschland bei.

Aha

Kennste den noch?

Politische Witze erzählte man sich in der DDR gern und häufig. Für die einen waren sie ein Ventil, um mal richtig Dampf abzulassen. Andere verstanden diese Witze durchaus auch als Zeichen des Widerstands des kleinen Mannes.

Walter Ulbricht hält eine Ansprache: „1949 standen wir am Abgrund. Heute sind wir einen Schritt weiter ..."

Ein Stasi-Offizier zum anderen: „Was denkst du eigentlich über unseren Arbeiter- und Bauernstaat?"
„Bestimmt das Gleiche wie du."
„Dann muss ich dich leider festnehmen."

Lieber rückwärts aus dem Intershop als vorwärts zum Parteitag!

Walter Ulbricht besichtigt eine Zuckerfabrik. Ein Brigadier erklärt die Anlage. Er sagt: „Unsere Kessel sind schon 20 Jahre alt und wir haben noch immer keinen Kesselstein."
Darauf sagt Ulbricht zu einem seiner Mitarbeiter: „Hier müssen wir unbedingt helfen. Besorgen Sie 20 Tonnen Kesselstein."

Die drei wichtigsten Industrienationen der Erde beginnen mit U. Welche sind das? UdSSR, USA, unsere DDR ...

Frage an Radio Eriwan: „Stimmt es, dass Adam und Eva die ersten kommunistischen Menschen waren?"
Antwort: „Im Prinzip ja. Sie hatten nichts anzuziehen, keine eigene Wohnung und meinten dennoch, im Paradies zu leben!"

Was passiert, wenn der Berliner Fernsehturm umkippt?
Dann kann man mit dem Fahrstuhl in den Westen fahren.

Erich Honecker möchte erfahren, wie beliebt er ist. Deshalb klingelt er einfach bei Leuten an der Wohnungstür. Ein kleines Mädchen öffnet und fragt: „Wer bist du denn?"
Honecker antwortet: „Ich bin derjenige, dem ihr euren Fernseher zu verdanken habt und der dafür sorgt, dass ihr immer genug zu essen habt!"
Das Mädchen dreht sich um und ruft in die Wohnung: „Papa, komm schnell, Onkel Klaus aus Hamburg ist da!"

Familie Meier gerät in eine Verkehrskontrolle. „Führerschein und Fahrzeugpapiere!"
Herr Meier: „Ich habe keine Fahrerlaubnis!"
Darauf seine Frau vom Beifahrersitz: „Glauben Sie ihm kein Wort. Er redet immer solchen Quatsch, wenn er besoffen ist."
Von der Rückbank meldet sich die Tochter: „Ach Vati, ich habe doch gleich gesagt, dass wir mit dem geklauten Trabi nicht weit kommen."
Nun springt auch noch die Kofferraumklappe auf. Oma schaut heraus und fragt: „Sind wir schon im Westen?"

Was passiert, wenn in der DDR die Rentner aussterben?
Dann hat das Land keine Regierung mehr.

Stimmt es, dass Erich Honecker und Helmut Kohl an einem Wettrennen um den Palast der Republik teilgenommen haben und dass Kohl gewonnen hat?
Im Prinzip: Nein. Richtig ist, dass es bei diesem Wettrennen nur zwei Teilnehmer gegeben hat. Erich Honecker belegte einen ehrenvollen zweiten Platz. Helmut Kohl wurde Vorletzter.

Honecker und Mielke unterhalten sich. Mielke fragt: „Na, Erich, was ist denn eigentlich dein Hobby?"
Honecker: „Ich sammle die Witze, die die Leute so über mich erzählen."
Darauf Mielke: „Mein Hobby ist ähnlich. Ich sammle die Leute, die diese Witze erzählen."

Zu guter Letzt

Was andere über die DDR sagten …

„Auferstanden aus Ruinen und der Zukunft zugewandt …"

Johannes Becher, Dichter der Nationalhymne

„Den Sozialismus in seinem Lauf hält weder Ochs noch Esel auf."

Erich Honecker, Partei- und Staatschef

„Einmal im Leben zur rechten Zeit sollte man an Unmögliches geglaubt haben."

Christa Wolf in „Nachdenken über Christa T."

„Ob man Kollektiv sagt, Team oder Mitmenschlichkeit – man hat sich in der DDR umeinander gekümmert."

Regine Hildebrandt, Ministerin in Brandenburg

„In der DDR hat man von mir eine Weltanschauung verlangt, ohne dass ich die Welt anschauen durfte."

Manfred Krug, Schauspieler

Und das sage ich …